www.Systemkritik-des-MEISTERS.de

Systemkritik des Meisters

Die verschwiegenen Verse: Was Christus an unserer Ökonomie, Ökologie und Sozialethik zu kritisieren hätte.

Bibliografische Information der Deutschen Nationalbibliothek: Die Deutsche Nationalbibliothek verzeichnet diese Publikation in der Deutschen Nationalbibliografie; detaillierte bibliografische Daten sind im Internet über http://dnb.dnb.de abrufbar.

Herstellung und Verlag: BoD – Books on Demand, Norderstedt

COVER: ***SVEN LAUCH (www.lauch-design.com)***

ISBN: 9783848251957

Inhaltsverzeichnis

Rezension

Rezension von Horst Schäfer

Wer sein tägliches ökonomisches, ökologisches, soziales, ethisches Handeln und Gewissen – sei er Jude, Christ oder Moslem – nicht belasten möchte, der lasse seine Finger von diesem Buch. Wer aber dieses Buch liest – insbesondere wenn er Christ ist –, muss sich mit Fragen auseinandersetzen, die ihn täglich und existentiell berühren. Der Autor, ein junger freikirchlicher Pfingsttheologe, packt heiße Eisen an. Ein paar Beispiele:

- Sind Christen obrigkeitshörig?
- Dürfen/sollen/müssen sich Christen in die Politik einmischen?
- Dürfen sich Christen gegen Staatsgewalt, Willkür und Ungerechtigkeit auflehnen?
- Gibt es einen Ausweg aus der Spirale von Gewalt und Gegengewalt im Privatleben und in der Gesellschaft?

Diekmann erklärt den originär-christlichen dritten Weg gegen sozialethische Fehlentwicklungen: „Nicht passiv sein und alles erdulden. Aber auch nicht zu den Waffen greifen und zurückschlagen. Nein, sondern ein gewaltfreier, aber entschlossener Widerstand.“ Das lehren die christlichen Literaturquellen. Dabei legt der Autor die Quellen erfrischend mit neuen eigenen Übersetzungsdeutungen aus und erklärt den Sinn biblischer Worte aus der soziologischen Situation der antiken Zuhörer/Leser. Dieser dritte Weg lenkt die Gedanken geradewegs in die Akzeptanz, Bewahrung, Notwendigkeit, Pflege und kritische Begleitung auch der dritten der drei Staatsgewalten, der Justiz, vor deren unabhängigen Schranken gewaltfrei nach Wahrheit und Gerechtigkeit gesucht wird. Diekmann belegt fast mühelos den gewaltfreien Widerstand gegen ungerechte Normen aus den biblischen Quellen, wohingegen Rechtsphilosophen wie etwa Gustav Radbruch mit erheblicher intellektueller Kraftanstrengung und erst nach der Katastrophenerfahrung zweier Weltkriege im 20. Jahrhundert das Widerstandsrecht gegen „unerträglich ungerechte“ Normen formulierten.

Der Leser erfährt aus den biblischen Texten Alternativen zur Verzinsung von Krediten (Zinsverbot), Gründe zur Notwendigkeit von Schuldenschnitten und von Mindestlöhnen (Beispiel Weinbergsgleichnis), die Pflicht zur Aufnahme und angemessenen Versorgung von Flüchtlingen, Darlegungen zur Ablehnung von Menschenhandel, von sexueller und Arbeitskraftausbeutung, Erläuterungen von ökonomischen Zusammenhängen zwischen dem Lebensmittelhandel und unserer eigenen Ernährung einerseits und den Hungertoten in der Dritten Welt andererseits, etc.

Diekmann ist besonders glaubwürdig dadurch, dass er auch Kritik an der Arbeitsrechtsethik der Kirchen im Allgemeinen (Kirchenrecht schützt zuweilen Hungerlöhne für kirchliche Mitarbeiter) und Kritik an Heinrich Vietheer, dem Gründer seiner freikirchlichen Pfingstbewegung, übt, der auf einer Amerika-Reise die Politik der Nationalsozialisten befürwortet hatte („Hitler ist der Retter von Deutschland und Europa, ... Ein wunderbarere Mann ....“).

Es ist ein aufrüttelndes, zutiefst christliches Plädoyer gegen ein eindimensionales Erste-Welt-zentriertes ökonomisches, ökologisches und sozialethisches Selbstverständnis, gegen Sozialrassismus und Fremdenfeindlichkeit. Diekmann erweist sich als christlicher Sozialrebell, der in der Tradition evangelischer Sozialethik etwa eines Karl Barth steht.

Horst Schäfer (Richter am Verwaltungsgericht Wiesbaden i. R.)

Rezension von Stefanie Bluth

In vielen christlichen Gemeinden, und auch in der Pfingstgemeinde, in der ich groß geworden bin, bestimmt eine traditionelle, konservative und darin starre Bibelauslegung die Sollerwartung an den guten Christenmenschen. Oft herrscht die Vorstellung, dass gelebte Abweichungen von dieser Sollerwartung abgelegt werden können, wie man einen alten Mantel ablegt. Persönliche, soziale und politische Bedingungen werden dabei allzu gern ausgeblendet.

Die Nachfolge Christi bedeutet nicht, dass man versucht, die persönlichen Ist-Zustände (und wenn man sehr engagiert ist: die gesellschaftlichen Gegebenheiten) in eine normative Box zu pressen, sondern vielmehr in diesen Situationen einen menschenfreundlichen, ethischen Weg einzuschlagen. Die Nachfolge Christi bedeutet ebenfalls, eine Entwicklung anzustreben, die die Lebensumstände von Menschen (und einem selbst) real verbessert: das Stückwerk der Erlösung.

Jesus Christus hat uns beispielhaft vorgelebt, dass es gerade nicht darum geht, einen normativen Regelkatalog zu erfüllen, um Aussicht auf Erlösung im Jenseits zu finden. Jesus hat vielmehr die religiösen Normen und gesellschaftlichen Zustände seiner Zeit an den Stellen kritisiert, an denen sie Menschen in seinem Hier und Jetzt geknechtet und ausgrenzt haben. Das Leben Jesu war ein Plädoyer für Freiheit, Gerechtigkeit und Mitgefühl im irdischen Miteinander … und das aus reiner Menschenliebe.

Ein lebendiger Glaube setzt dort an, wo das soziale und auch persönliche Leben stattfindet. Allerdings muss man dafür die gesellschaftliche Situation kennen und sich dieser emotional sowie rational stellen. Es ist eine große Freude festzustellen, dass Pastor Samuel Diekmann in dem vorliegenden Buch die Auseinandersetzung mit einer Reihe aktueller politischer, wirtschaftlicher und ökologischer Themen sucht und aus seiner theologischen Perspektive neu reflektiert.

Nichtsdestotrotz soll das Buch nicht als neue theologische Lehrmeinung verstanden werden, und schon gar nicht dogmatisch ausgelegt werden, sondern vielmehr den Leser ermutigen, über die gesellschaftlichen Umstände (die ultimativ auch persönliche Lebensstrukturen vorgeben) selbst nachzudenken, um dort in eine menschenfreundliche, ethische Christusnachfolge zu treten.

Dr. Stefanie Bluth (Sozialwissenschaftlerin, Politologin)

Einleitung

Nein, mit dem MEISTER im Titel dieses Buches meine ich – wie es der Untertitel deutlich machen soll – nicht meine Person. Ich selbst verstehe mich lediglich als ein Schüler dieses ewigen, großen MEISTERS. Als persönlicher Freund und Schüler des MEISTERS stelle ich mich selbst dieser Kritik und komme zugegebenermaßen hier und da selber recht gedemütigt davon: Aber die Demut, die Grundvoraussetzung jeden Lernens, der Mut zu dienen an sich, ist aller Anfang.

Arabischer Frühling, Unruhen in London und Paris, Stuttgart 21, Occupy, Blockupy usw. – es brodelt mächtig im System. Das war vor einiger Zeit in einem weit entfernten Land auch schon mal so: soziale Unruhen, Überschuldung, Arbeits. - und Perspektivlosigkeit, ein mächtiger Polizei- und Militärapparat, der jedes Aufbegehren des gemeinen Volkes bekämpfte, eine elitäre, reiche Gruppe schwelgte im Luxus, viele andere tristesten ihr Dasein hingegen in bitterster Armut. Ein Mann wollte das ändern und zog Zehntausende in seinen Bann, er kritisierte das System, nannte Unrecht beim Namen, weigerte sich aber zur Waffe zu greifen und alles zu stürzen. Er lehrte keine Revolution, sondern Evolution des Systems durch die Veränderung der Herzen. Seine engsten Freunde nannten ihn Jeshua, großen Bruder und den Begnadeten (Gesalbten). Seine Feinde nannten ihn Freund von Alkoholikern, Prostituierten und andere – wie sie es nannten - „sozialen Abschaum“ oder einfach nur verrückt. Alle anderen nannten ihn einfach nur den MEISTER! Die Thesen, Kritikpunkte und Lösungsvorschläge wurden von seinen Freunden akribisch aufgeschrieben und liegen uns heute in Form eines Buches (griechisch: biblia) vor. Der Ort und die Zeit, in der der MEISTER wirkte, war Israel vor rund 2000 Jahren – vielen ist der Revoluzzer Jeshua heute nur noch unter seinem griechischem Namen *JESUS* bekannt.

Nein, Sie müssen nicht fromm sein, um dieses Buch zu lesen und zu verstehen. Im Gegenteil, ich würde mich sogar sehr darüber freuen, wenn auch möglichst viele Menschen, die nichts mit dem Glauben am Hut haben, sich die Zeit nehmen würden, der Systemkritik des MEISTERS zuzuhören. All jene möchte ich aber vorwarnen: Ganz in meiner konfessionellen Tradition werde ich hier und da die eine oder andere Bibelstelle zur Beweisführung meiner Aussagen heranziehen. Das mag manchen im ersten Augenblick etwas irritieren, aber trotzdem bin ich der festen Überzeugung, dass gerade diese alten Texte meinen Thesen das entscheidende Gewicht und Tiefgang verleihen.

Nichtsdestotrotz möchte ich Ihnen zunächst die möglichen Vorurteile vor diesen biblischen Texten nehmen: *Sie sind zwar alt, aber nicht altbacken; sprechen über den Glauben, sind aber dennoch realistisch; zwar fromm, aber auch revolutionär und top aktuell!* Ich gehe fest davon aus, dass Sie überrascht sein werden, wie recht ich damit habe, wenn ich Ihnen sage, dass es sich lohnen wird, auch die angeführten biblischen Texte gründlich zu lesen.

Dass ich Ihnen zwischendurch immer wieder begeistert mit diesem Jeshua kommen werde, kann ich Ihnen allerdings nicht ersparen, denn wovon das Herz voll ist, davon geht der Mund über! Trotzdem erwarte ich nicht, dass dieses Buch Sie zu einem frommen, glühenden Nachfolger Christi macht – was Sie selbst von dem christlichen Glauben halten, ist und bleibt Ihre ganz persönliche Endscheidung. Ziel dieses Buches ist stattdessen, mit der Systemkritik des MEISTERS eine möglichst breite Leserschaft – Fromme und Areligiöse, Linke und Konservative, Alte und Junge – zu einer neuen, selbstkritischen Kontroverse zu unseren bestehenden – angeblich christlich/abendländisch geprägten – Systemen einzuladen. Oder anders gesagt: Schüler, Fans, kritische Beobachter und Feinde Christi können von der Kritik des MEISTERS gleichermaßen profitieren.

Wir leben heute hier in Deutschland in einer säkularen Demokratie und einer sozialen Marktwirtschaft und stehen als solche im ständigen Wettbewerb mit unseren Nachbarländern und Freunden. Das Evangelium – die Botschaft des alten MEISTERS – war niemals auf ein bestimmtes gesellschaftliches System angewiesen, Christen gab es in den verschiedensten Systemen (wie Stammeskulturen, diktatorischen, monarchischen, theokratischen, planwirtschaftlichen Systemen etc.), in jeden jeweiligen Kontext legte der alte MEISTER seinen Finger in bestimmte systemische Wunden und kritisierte mit dem Evangelium die Herrschenden teils stark.

Es wird Zeit, sich auch heute selbstkritisch im Licht des alten MEISTERS zu betrachten und unsere Ökonomie neu zu bewerten, den Wert des Menschen in den Focus zu rücken, für gerechte Löhne zu kämpfen, gegen jede Form von Sklaverei unsere Stimme zu erheben, das Bankensystem mit Zins und Zinseszins zu hinterfragen, unseren Umgang mit Schulden neu zu beleuchten, unethische Geldgeschäfte zu verbieten, den Umweltschutz zur Selbstverständlichkeit zu machen und jede Form von Rassismus in unserer Gesellschaft zu ächten.

Dass die eine oder andere Kritik aus einem größtenteils theokratisch geprägtem System nicht eins zu eins auf unsere säkulare Demokratie zu übertragen ist, ist selbstverständlich, inspirierend ist sie aber allemal. Diskutieren Sie mit: Eine Möglichkeit ist, dass Sie dies im Internet auf der gleichnamigen Homepage *www.Systemkritik-des-MEISTERS.de* tun. Auf dieser Seite sind die jeweiligen Kapitelinhalte in Foren aufgeführt und können hier diskutiert werden. Wenn Sie so wollen, möchte dieses Buch ein interaktives Buch sein. Wie kann man die Kritik prakisch umsetzen? Was gibt es für Lösungsmöglichkeiten? Womit sind Sie gar nicht einverstanden? Was fanden Sie gut? All das können Sie hier niederschreiben und mit anderen Lesern ins Gespräch kommen. In der eBook-Ausgabe ist es (je nach Geräteunterstützung) sogar möglich direkt aus den Kapiteln auf die jeweiligen Internetforen der Homepage zu wechseln.

www.Systemkritik-des-MEISTERS.de

Zu meiner Person: Ich bin ein recht junger – Jahrgang 81 verheirateter Familienvater, politisch interessierter Autor und Pfarrer einer kleinen evangelischen Freikirche in Hessen. Um den Vorwurf einer neuen Lehre oder gar der Verwässerung der Heiligen Schrift gleich im Anfang zu wären, melde ich, dass ich Pfarrer in einer pfingstlich/evangelikalen Gemeinde bin – sprich einer solchen theologischen Strömung angehöre, die mit dem Wort Gottes – der Bibel – sehr orthodox umgeht. In streng reformatorischer Tradition „sola scriptura" (allein die Schrift) stehe ich auf dem Wort Gottes, aber nicht über dem Wort Gottes! Es steht mir nicht zu, die Bibel auseinanderzu nehmen, das, was mir lieb ist, zu behalten und das andere zu entsorgen, sie soll mich auseinandernehmen und korrigieren. Mit diesem orthodoxen Bibelverständnis nun lese und lege ich die biblischen Texte aus – komme aber dennoch teilweise zu so ganz anderen Erkenntnissen, als dies in vielen Kirchengemeinden gelehrt und gelebt wird.

Jede Kirche hat sicherlich ihre theologischen Schwerpunkte, Betonungen und damit auch ihre Lieblingsthemen, andere Themen fallen diesen dann leider oft unbeabsichtigt zum Opfer. Aber darüber hinaus scheint es aber auch solche Verse in der Bibel zu geben, über die man aus Prinzip nichts hört! Diese Tabus der Bibel unterscheiden sich sicherlich in der Landschaft der christlichen Konfessionen und Denominationen. Als Pastor einer recht jungen, dynamischen Gemeindebewegung geht es mir in diesem Buch vor allem um jene verschwiegenen Verse, die ich ganz persönlich im kritischen Gespräch mit unseren politisch Verantwortlichen vermisse.

Warum hört man nichts drüber? Warum legt sich die Kirche mit diesem System ins Bett, anstatt es an den Pranger zu stellen? Warum wollen selbst viele Gläubige nichts darüber hören?

Diese Systemkritik des MEISTERS Christi ist eine Überraschung für manche Nicht-Religiösen, eine schallende Ohrfeige für viele kirchlich und politische Verantwortungsträger, eine Ermutigung für manchen progressiven Christen, eine Herausforderung für manchen konservativen Christen und ein Aufruf zur Umkehr und Korrektur an alle.

Politik

Bevor wir uns der Kritik des MEISTERS in den Fragen von unserer Ökonomie, Ökologie und Sozialethik stellen werden, möchte ich etwas zu meinem persönlichen Poltikverständnis mit Ihnen teilen.

Was ist eigentlich Politik? *„Das Wort Politik bezeichnet die Angelegenheiten, die die Einrichtung und Steuerung von Staat und Gesellschaft im Ganzen betreffen. Es umfasst dabei alle Aufgaben, Fragen und Probleme, die den Aufbau, den Erhalt sowie die Veränderung und Weiterentwicklung der öffentlichen und gesellschaftlichen Ordnung anbelangen. Nach sehr allgemeiner Definition bezeichnet Politik jegliche Art der Einflussnahme und Gestaltung sowie die Durchsetzung von Forderungen und Zielen, sei es in privaten oder öffentlichen Bereichen [...].“*[1]

Warum fällt es manchem Frommen so schwer sich politisch zu engagieren? Warum verteufeln manche sogar ein solches Engagement? In den biblischen Propheten heißt es, dass Fromme stets der Stadt Bestes suchen sollen.[2] Wenn wir nun bedenken, dass das Wort *Stadt* im griechischen *polis* bedeutet, und wissen, dass sich unser heutiges Wort Politik genau von diesem *polis* ableitet, dann können wir hierin einen echten Auftrag sehen: Als mündige Christen sollten wir auch politisch aktiv sein und uns in dieser Gesellschaft mit einbringen. Suchet der Stadt, Gesellschaft, der Politik Bestes! Genau dieser

---

[1] Wikimedia Foundation Inc. URL: http://de.wikipedia.org/wiki/Politik (Stand: 24.4.2012)

[2] Jeremia 29,7

Auftrag scheint sich auch hinter dem Gebot zu verbergen, für die Regierung zu beten. Gerade manche evangelikale Christen beten sehr inbrünstig für die eigene Regierung. Viele amerikanische Christen beten sogar vor einer amerikanischen Fahne, und der Spruch „Gott segne Amerika" gehört zu fast jeder politischen Rede ganz selbstverständlich mit dazu. Nur geht das Gebetsgebot eigentlich viel weiter, als „nur" für die eigene Regierung zu beten:

> *So ermahne ich nun, dass man vor allen Dingen tue Bitte, Gebet, Fürbitte und Danksagung für **alle Menschen**, für **die Könige** und für **alle Obrigkeit**, damit wir ein ruhiges und stilles Leben führen können in aller Frömmigkeit und Ehrbarkeit. (LU; 1.Tim 2,1)*

Christen sollen für politische Freunde und Feinde gleichermaßen beten. Für Opposition und Regierung, für demokratisch gewählte Volksvertreter im eigenen Land sowie für den Diktator im Nahen Osten – für ALLE eben! Der Gedanke, für beispielsweise einen *Achmad* Ahmadinejad zu beten, macht deutlich, dass unser Gebet nicht immer ein unkritisches, plattes Segensgebets sein kann. Im Gegenteil! Christen sollen sich auch im Gebet kritisch mit den Regierenden auseinandersetzen, beispielsweise dafür beten, dass Politiker umkehren, ihre Sünden erkennen oder ganz abtreten! Es gibt eine christliche Initiative *Adopt a Terrorist in Prayer*[3] *(Adoptiere einen Terroristen im Gebet)*, die gezielt für Terroristen betet und die sich auf das Liebesgebot Jeshuas beziehen: Liebt eure Feinde und betet für die, die Euch verfolgen.

---

[3] Adopt a Terrorist for Prayer provides. URL: https://atfp.org (Stand: 2011)

Der Auftrag, der Gesellschaft Bestes zu suchen, soll auch auf den betenden Knien der Christen ausgetragen werden! Das Argument, dass Christen sich besser mit geistlichen Dingen auseinandersetzten sollten, als ihre Ressourcen mit weltlichen Anliegen wie der Politik zu verschwenden, ist demnach blanker Unsinn! Nein, Fromme sollen sich im Gegenteil mit weltlichen Dingen auch geistlich auseinandersetzen. Die Unterscheidung zwischen weltlichen politischen und geistlichen Anliegen ist irreführend! Der alte Luther führt jede einseitige Übergeistlichung dieses Gebetsauftrages ad absurdum, wenn er den Frommen predigte: *„Man muss beten, als ob alles Arbeiten nichts nützt, und arbeiten, als ob alles Beten nichts nützt.“* Übertragen auf den Gebetsauftrag für die Politik meint es, dass die Verantwortung für die Politik nicht mit dem Gebet für selbige endet, sondern erst anfängt! Dafür zu beten, dass beispielsweise Gesetzeslücken, die Menschenhandel und Ausbeutung von Arbeitern ermöglichen, geschlossen werden, ist das eine, aber eben nicht das Einzige. Mit gleicher Leidenschaft sollen wir dann auch für die Umsetzung kämpfen und streiten. Summa summarum: Der Gebetsauftrag für die Politik ist auch ein Auftrag zum politischen und gesellschaftlichen Engagement im Allgemeinen.

Die „Gemeinde“ - ein politischer Begriff

„In einer Kirchengemeinde spricht man nicht über Politik“ – das ist vielerorts ungeschriebenes Gesetz! Ich aber meine, dass das ein Fehler ist, der von der – vielleicht berechtigten – Angst der Entzweiung herrührt. Ich würden dieses ungeschriebene Gesetz gerne ein wenig relativieren und stattdessen sagen: „Politik ist nicht **das Thema**, aber **ein Thema** sollte es schon sein. In der Kirchengemeinde wollen wir uns wegen politischen Themen nicht entzweien lassen, Spannungen und unterschiedliche Positionen wollen wir aushalten und voneinander lernen!“ In der frühen Gemeinde gab es selbstverständlich auch Parteiungen: Es gab hier die jüdischen und die griechischen Gruppen, jene, die sich Paulus, Petrus oder Apollos zuschrieben etc. Trotzdem waren sie ein Leib und vom MEISTER zu einer Gemeinde berufen worden! Etwas aus einer bestimmten Angst nicht anzusprechen, ist oft der Nährboden für eine gewisse Doppelmoral, das gilt für Themen der allgemeinen Moral, aber eben auch für politische Themen. Nein, wenn Christen das Prinzip verstanden haben, den anderen höher zu achten als sich selbst, dann sollten sie über alles reden dürfen und können – auch über politische Themen! Wie sollte es auch anders funktionieren, wenn wir als Gemeinde den Auftrag haben, für alle Regierenden zu beten? Man muss über diese Themen auch in der Gemeinde sprechen!

Die Gemeinde ist kein gesellschaftlicher neutraler Raum, indem es allen egal ist, was da draußen passiert. Im Gegenteil, Gemeinde hat ein großes Interesse daran, dass sich die Welt „da draußen“ verändert. Im Übrigen scheinen wir hier allzu schnell unsere eigenen Wurzeln zu vergessen! Denn der Begriff „die Gemeinde“ ist keine fromme Erfindung, sondern eine sehr alte, ursprünglich weltlich/demokratische Einrichtung, die eine neue geistliche Tiefe von Christus eingehaucht bekommen hat. Wir wollen dazu Teile des siebten Kapitels meines letzten Buches lesen:

> „[...] Wir müssen zu diesem Begriff eine weitere Quelle hinzufügen, und zwar die der griechischen Antike: das Wort *Gemeinde* ist in dieser Umwelt zuhause, es ist die deutsche Übersetzung des griechischem Wortes *Ekklesia*. Machen wir uns also wieder einmal auf eine kleine

Zeitreise und gehen dabei ungefähr 2600 Jahre in der Zeit zurück. Wir wollen uns aber auf dieser Reise nicht nur in der Zeit fortbewegen, sondern auch in der Kultur und uns dabei als Reisende in der alten griechisch/hellenistischen Kultur bewegen. Ich schlage vor, wir reisen einmal in Gedanken nach Athen. Die Stadt Athen ist vielen auch heute ein Begriff. Vielleicht war der eine oder andere schon einmal selbst dort und hat eine kleine Sightseeing-Tour gemacht. Auch ich war schon einmal dort, und zwar während meiner Studentenzeit im Rahmen einer Studienreise. Vor allem durch EU-Gelder konnte die beeindruckende Akropolis, die seit 1986 Teil des UNESCO-Weltkulturerbes ist, wieder rekonstruiert werden. Die Akropolis war der höchstgelegene Teil der Stadt, daher auch der Name (*Akropolis* = *Oberstadt*). Etwas unterhalb dieser durch Tempel dominierten Oberstadt spielte sich das gesellschaftliche Leben auf der sogenannten *Agora*, eine Art großen Mehrzweckplatzes, ab. Hier fanden Versammlungen verschiedenster Art statt: Paraden, Märkte und Gerichtsverhandlungen wurden hier beispielsweise abgehalten. Auf unserer Reise werden uns zunächst die beeindruckenden Bauten und die Vielfalt der Stadt, die sich zu dieser Zeit auf dem Zenit ihrer Macht befand, auffallen. Doch wollen wir unseren Blick von alldem abwenden und unsere Aufmerksamkeit etwas viel Wichtigerem widmen, etwas, wofür wir dieser Kultur bis heute zu Dank verpflichtet sein sollten: ihrem Verständnis von Demokratie. Christen, die in einer Demokratie zuhause sind, sollten Gott jeden Tag für diesen Segen danken, denn in einer solchen Gesellschaftsform haben wir die besten Chancen, uns mit einzubringen, in Freiheit zu leben und unsere Gesellschaft mitzugestalten […]. Bei all den Lobliedern auf die griechischen Errungenschaften war das Demokratieverständnis damals aber ein wenig anders, als wir es heute haben. Denn in dieser alten Kultur durfte sich nämlich nur ein kleiner exklusiver Teil an demokratischen Entscheidungen beteiligen und in einer ganz besonderen und exklusiven Zusammenkunft die Stimme erheben. Dieses exklusive Gremium nannte man im Griechischen die *Ekklesia*! Zur Zeit der attischen Demokratie war die Ekklesia der oberste Souverän Athens. Zu ihr wurden mehrmals im Jahr alle männlichen Vollbürger, also alle, die mindestens 18 Jahre alt waren, durch einen Keryx – einen Herold – eingeladen. Die Ekklesia begann immer mit einem Opfer für eine oder mehrere Gottheiten. Im Anschluss daran wurden Angelegenheiten der Stadt, des Haushalts, der Innen- und Außenpolitik und viele andere Dinge besprochen und entschieden. Frauen, Sklaven, Kriminelle und Metöken – das waren solche, die kein volles Bürgerrecht hatten, wohl aber eine Art Gast- bzw. Duldungsstatus besaßen – waren von der Ekklesia ausgeschlossen. Weiter hatten auch nur die ein Stimmrecht, die mindestens zwei Jahre in der Armee ihren Wehrdienst geleistet hatten. Athen war zu dieser Zeit eine echte Großstadt, die zwischen 35.000 und 40.000 Vollbürger beheimatete. Der Einladung der zahlreichen Herolde zu einer Ekklesia folgten aber im Schnitt nur 6000 Vollbürger. Wir sehen also, dass es so etwas wie Politikverdrossenheit zu allen Zeiten gegeben haben dürfte. Ich möchte diesen Gedanken noch einmal präzisieren: Wir haben hier also eine große Volksmenge von privilegierten Vollbürgern, aber nur jene, die der Einladung der Herolde folgten, wurde zur *Ekklesia* gezählt. Von den 40.000 Vollbürgern wurde niemand gezwungen, ein Teil der Ekklesia zu sein! Auf dieser politischen Versammlung musste man schon freiwillig erscheinen. Trotz der Ehre und Verantwortung wurde diese Ekklesia damals im Schnitt von nur einem Sechstel der Vollbürger gebildet. Ich will diesen Gedanken noch einmal wie folgt zusammenfassen: Weder Bürgerrecht, Alter, Stellung oder ein besonders vorbildliches Leben machte einen Vollbürger zu einem Teil der Ekklesia, sondern allein jene bildeten sie, die dem Ruf zur Versammlung folgten und ihren vorgesehenen Platz einnahmen [...]."[4]

Die geistliche Gemeinde hat dasselbe Selbstverständnis: Man gehört freiwillig zu ihr, man muss sich selber auf den Weg zu ihr machen! Kirchenmitgliedschaft durch Geburt lehne ich ab! Obwohl es innerhalb der geistlichen Gemeinde selbstverständlich eine geistliche Leiterschaft von Ältesten und Pastoren zu geben hat, ist das Grundverständnis ähnlich der griechischen Vollversammlung! Eine geistliche Gemeinde ist eine Versammlung von mündigen Gläubigen, dem *allgemeinen Priestertum, Träger des Heiligen Geistes*, die selber zu prüfen, wählen und zum aktiven Beitragen des geistlichen Lebens in Gemeinde berufen worden sind. Im sechsten Kapitel der Apostelgeschichte sehen wir wie selbstverständlich die demokratischen, Entscheidungsfindungsprozesse die z. B. bei der Berufung von leitenden Mitarbeitern abgelaufen sind. Hier schlugen und beriefen nicht die Apostel Diakone vor, sondern gaben der Gemeinde selbst die Verantwortung, die geeigneten Leute zu

[4] Samuel Diekmann; Einfach Überirdisch. Entdecke was in deiner Gemeinde steckt; R. Brockhaus 2011

wählen. Das Für und Wider von Personen zu besprechen und das eigene geistliche Empfinden – das Gebet um den Richtigen - mit in die Bewertung und Wahl einfließen zu lassen, sind elementare Bestandteile der geistlichen Gemeinde, die wir auch auf politischer Bühne mit einbringen sollen!

Christen sind obrigkeitshörig

> *Einen Tyrannen zu hassen vermögen auch knechtische Seelen. Nur wer die Tyrannei hasset, ist edel und groß. (Johann Wolfgang von Goethe)*

Zwischen dem, der das Recht vertritt, und dem Recht an sich gibt es einen Unterschied! Diesen Unterschied scheinen aber nur wenige Fromme auseinanderhalten zu können. Mit Stellen wie Röm 13 und 1Petr 2,11 ff legitimierten beispielsweise viele NS-Verbrecher ihre Untätigkeit oder sogar Verbrechen vor den Nürnberger Prozessen, denn als Christen seien sie ja schließlich dazu verpflichtet gewesen, obrigkeitshörig zu leben. Kann das so stimmen?

Von diesen sogenannten „theologischen Gründen" aber einmal abgesehen fordert uns unser eigens Grundgesetz in einigen Fällen sogar zum zivilen Ungehorsam auf. Zunächst einmal muss aber festgehalten werden, dass unser heutiges Machtgefüge GOTT SEI DANK ein komplett anderes ist als das von dem uns Paulus oder Petrus berichten. Unsere heutige Regierung ist NICHT VERERBT oder durch GEWALT AN SICH GEZOGEN, sondern von uns selbst gewählt! In unserem Grundgesetz heißt es im Artikel 20 dazu:

1. Die Bundesrepublik Deutschland ist ein **demokratischer** und **sozialer Bundesstaat**.

2. **Alle Staatsgewalt geht vom Volke aus**. Sie wird vom Volke in Wahlen und Abstimmungen und durch besondere Organe der Gesetzgebung, der vollziehenden Gewalt und der Rechtsprechung ausgeübt.

3. Die Gesetzgebung ist an die verfassungsmäßige Ordnung, die vollziehende Gewalt und die Rechtsprechung sind an Gesetz und Recht gebunden.

4. Gegen jeden, der es unternimmt, diese Ordnung zu beseitigen, **haben alle Deutschen das Recht zum Widerstand**, wenn andere Abhilfe nicht möglich ist.

Unser Grundgesetz gibt uns Deutschen durch Wahlen alle Staatsgewalt (eine Schande wer davon keinen Gebrauch macht). Weiter ruft unser Grundgesetz uns nicht nur dazu, auf uns aktiv mit unseren demokratischen Rechten an der Politik und gegebenenfalls an einem Politikwechsel zu beteiligen, sondern garantiert sogar das Recht auf Widerstand gegen jeden Feind dieser demokratischen und sozialen Ordnungen, für den Fall, dass demokratische Rechte eingeschränkt oder aufgehoben werden würden! Die Mächtigen in Deutschland, das sind Sie und ich zusammen, das Volk. Wir sind die Wächter dieser demokratischen und sozialen Grundordnung und sind aufgerufen diese notfalls durch zivilen Ungehorsam zu verteidigen!

In der Bibel gibt es eine wunderbare Fabel, die die Gefahren von einer falsch gewählten Regierung skizzieren:

> *Einst beschlossen die Bäume, einen König zu wählen. Sie sprachen zum Olivenbaum: `Sei unser König!´ Doch dieser antwortete ihnen: `Soll ich vielleicht aufhören, Öl hervorzubringen, das Gott und Menschen ehrt, nur um über den Bäumen zu schweben?´ Da sprachen sie zum*

Feigenbaum: `Sei du unser König!´ Doch der Feigenbaum entgegnete: `Soll ich vielleicht aufhören, meine süßen Früchte hervorzubringen, nur um über den Bäumen zu schweben?´ Da sprachen sie zum Weinstock: `Sei du unser König!´ Doch der Weinstock erwiderte: `Soll ich vielleicht aufhören, den Wein hervorzubringen, der Gott und die Menschen erfreut, nur um über den Bäumen zu schweben?´ Schließlich wandten sich alle Bäume an den Dornbusch und sagten: `Komm, sei du unser König!´ Und der Dornbusch antwortete: `Wenn ihr mich wirklich zu eurem König machen wollt, dann kommt und sucht Schutz in meinem Schatten. Wenn nicht, soll Feuer aus dem Dornbusch hervorbrechen und die Zedern des Libanon verzehren.´ (Ri9,8-15)

Nein, die Bibel ist selbst nicht obrigkeitshörig, und die Frommen sollten es auch nicht sein. Zu wissen, dass menschliche Herrschaft Gefahr in sich birgt, das offen auszusprechen und sich dafür einzusetzen, dass es nicht so weit kommt, ist sogar Teil ihres Glaubens!

Ist Luthers These *„Christen verzichten darauf, sich gegen die Obrigkeit zu empören"* theologisch haltbar oder ist sie es nicht? Wir wollen die zentralen zwei Bibelstellen, die in diesem Zusammenhang immer wieder herangezogen wurden (und werden), etwas näher betrachten.

Römer 13 – Kein Aufruf zur allgemeinen Obrigkeitshörigkeit

Jede Seele unterwerfe sich den übergeordneten staatlichen Mächten! Denn es ist keine staatliche Macht außer von Gott, und die bestehenden sind von Gott verordnet. Wer sich daher der staatlichen Macht widersetzt, widersteht der Anordnung Gottes; die aber widerstehen, wer-

den ein Urteil empfangen. Denn die Regenten sind nicht ein Schrecken für das gute Werk, sondern für das böse. Willst du dich aber vor der staatlichen Macht nicht fürchten, so tue das Gute, und du wirst Lob von ihr haben; denn sie ist Gottes Dienerin, dir zum Guten. Wenn du aber das Böse tust, so fürchte dich! Denn sie trägt das Schwert nicht umsonst, denn sie ist Gottes Dienerin, eine Rächerin zur Strafe für den, der Böses tut. Darum ist es notwendig, untertan zu sein, nicht allein der Strafe wegen, sondern auch des Gewissens wegen. Denn deshalb entrichtet ihr auch Steuern; denn es sind Gottes Diener, die eben hierzu fortwährend beschäftigt sind. Gebt allen, was ihr ihnen schuldig seid: die Steuer, dem die Steuer; den Zoll, dem der Zoll; die Furcht, dem die Furcht; die Ehre, dem die Ehre gebührt! (ELB; Rö 13,1-7)

Dieser Text will universell verstanden sein, er richtet sich nicht speziell an Christen, sondern an JEDE SEELE/JEDERMANN (ob Christ oder nicht). Jeder Mensch soll sich der Obrigkeit (nach Luther) oder den staatlichen Mächten (Elberfelder Übersetzung) unterordnen, denn diese seien von Gott eingesetzt. Und tatsächlich: jede staatliche Gewalt ist nach christlichem Verständnis von Gott eingesetzt.[5]

Er ist es, der die Gewalt über Zeiten und Veränderungen hat. Er setzt Könige ab und setzt andere als Könige ein [...]. (Dan 2,21)

[5] Dan 2,21.37f; 4,14.29; 5,21; Spr 8,15 f;21,1; Jes 45,1-7;Lk 1,52; Jo h19,11; Röm 9,17

Wenn Gott sogar den Vogelflug und das Entstehen einer Glatze wirkt[6], dann ist es keine Überraschung, dass der MEISTER auch bei den Regierungen dieser Welt seine Hände mit im Spiel hat. Dass Gott staatliche Ordnungen einsetzt, bedeutet aber nicht, dass diese automatisch „in Ordnung“ seien! Im Gegenteil, die Bibel ist voll von Beispielen, in denen Gott diese eingesetzten Regierenden zur Ordnung ruft. Das scheint ein Widerspruch zu sein und bleibt zugegebermaßen sicherlich auch ein tiefes Geheimnis, dessen Antwort irgendwo zwischen der Souveränität Gottes auf der einen und dem freien Willen des Menschen auf der anderen Seite zu finden ist.

Paulus, der Autor dieses Textes, erlebte selbst vier Kaiserkrönungen, von denen drei durch Mord und Totschlag möglich gemacht wurden. Die Souveränität Gottes steht der Verantwortlichkeit des Menschen nicht im Weg und legitimiert kein Unrecht. Im Gegenteil: jeder ungerechte Tyrann wird sich spätestens vor dem Thron Gottes (hoffentlich sogar früher) dem ewigen Recht verantworten müssen.

Eine biblische Parabel ist jener Pharao, der das Volk Israel nicht ziehen lassen wollte. Nach frommer Logik ist auch dieser Pharao, dem Gott durch den Propheten Mose befiehlt Israel gehen zu lassen, von Gott eingesetzt. Aber diese biblische Logik geht sogar noch weiter, denn in der biblischen Erzählung lesen wir, dass selbst die Sturheit (Verstockung) des Pharaos von Gott gewirkt wurde. Wenn Gott omnipotent ist, ihm nichts aus der Kontrolle gerät, dann kann er – wie in der Geschichte beschrieben – den Pharo gleichzeitig auffordern und ermahnen etwas Bestimmtes zu tun und gleichzeitig die Stur-

---

[6] Vgl. Mt 10,29 f

heit des Regenten, die sich ihn weigern lassen wird Gottes Anweisung Folge zu leisten, schicken, ihn dafür bestrafen und zum Schluss sogar richten. Diese für uns nur schwer nachzuvollziehende Souveränität Gottes ist – so wird es am Beispiel des sturen Pharaos deutlich – jedenfalls keine Entschuldigung für jegliche menschliche Schwäche und Sünde, für diese muss sich JEDER MENSCH verantworten.

Auf der anderen Seite ist diese Einsetzung Gottes auch mit den Ohren der Zeit von damals zu hören. Mit diesen Ohren hören wir eine deutliche Kritik am römischen Kaiserkult, in dem sich der Kaiser als Gott verehren ließ. Paulus erteilt dieser Praxis eine Absage und schreibt der Gemeinde, dass der Kaiser NUR ein MENSCH von dem WAHREN GOTT eingesetzt und auf SEINE GNADE angewiesen sei. Dies ist eine deutliche Kritik an dem bestehenden System jener Zeit.

Zurück zum Text: Dieser gerechten oder auch ungerechten Obrigkeit soll sich nun jedermann bedingungslos unterordnen? Ist das die Aussage dieses Textes? Über Jahrhunderte wurde dies genauso von vielen Kanzeln dieser Welt gelehrt. Aber ich denke, der Text möchte uns etwas anderes sagen!

Zunächst einmal stellen wir fest, dass der Autor dieses Textes, der Apostel Paulus, sich selbst eben nicht jeder staatlichen Macht bedingungs- und widerspruchslos auslieferte. In Jerusalem wehrte sich Paulus mit allen ihm zur Verfügung stehende Mitteln und bestand schließlich sogar erfolgreich darauf, dem höchsten Gericht in Rom seinen Fall darzulegen.[7] Wenn wir diese Streitbarkeit des Paulus auf unsere heutige Zeit und

---

[7] Vgl. Apg 22,23

Kontext übertragen, dann müsste eigentlich jeder Christ dazu bereit sein, geschehendes Unrecht bis zum Europäischen Gerichtshof vorzutragen! Der unmittelbare Zusammenhang der Textstelle (13,12) ruft sogar zum Kampf mit den Waffen des Lichts gegen die Finsternis und eben nicht zum Passiv- und Stumm Ergebensein auf!

ALLE APOSTEL waren sich darin einig: *»Man muss Gott mehr gehorchen als den Menschen (Apg 5,29)* und Gott gehorchen, wenn er sagt:

> *Tu deinen Mund auf für die Stummen und für die Sache aller, die verlassen sind. Tu deinen Mund auf und richte in Gerechtigkeit und schaffe Recht dem Elenden und Armen. (LU; Spr 31,8 f)*

Diese Textstelle scheint dem restlichen Zeugnis der Schrift tatsächlich auf den ersten Blick zu widersprechen. Ich behaupte: Der Obrigkeit Untertan zu sein, kann nicht bedeuten Unrecht unwidersprochen zuzulassen, im Gegenteil.

Der Schlüssel liegt wie so oft im Aufbrechen uralter Übersetzungstraditionen: Luther übersetz: *„Jedermann sei Untertan* ***der Obrigkeit*** *(griechisch:* ***exousia****) […].“ exousia* wird im Neuen Testament aber vor allem mit *Vollmacht/Gewalt* (73-mal in 69 Bibelstellen/ 13-mal von Paulus selbst) und *Recht* (22-mal in 18 Bibelstellen/ 8 von Paulus selbst) übersetzt.[8] Im Sinne von Obrigkeit wird es in anderen Bibelübersetzungen[9] nur in zwei Bibelstellen (Röm 13 & LK 20,20) übersetzt, in beiden

---

[8] Zählung in der Elberfelder Übersetzung.

[9] Zählung in der Elberfelder Übersetzung.

Stellen ist diese Übersetzung nicht zwingend, im Gegenteil, die Übersetzung RECHT würde in beiden Übersetzungen sogar mehr Sinn machen.

Die Elberfelder Übersetzung gibt diesen Vers in der gleichen Tradition wieder: *„Jede Seele unterwerfe sich den **übergeordneten staatlichen** (griechisch: **huperechō**) **Mächten** (griechisch: exousia) […].“ huperechō* meint aber eigentlich einfach nur *hinausragen über* oder *übertreffen, übersteigen, vorzüglich, vortrefflich*. Auch hier ist auffällig, dass dieses Wort – abgesehen von unserer Bibelstelle – nie im Sinne von *staatlich, Obrigkeit* oder *weltlich* verwendet wird!

Folgten wir diesem sonst üblichen Übersetzungsmuster, dann kämen wir zu folgender Übersetzung:

> *Jede Seele unterwerfe sich dem **UNÜBERTREFFBAREN RECHT**! Denn es ist kein **RECHT** außer von Gott, und das bestehende ist von Gott verordnet. Wer sich daher dem **RECHT** widersetzt, widersteht der Anordnung Gottes; die aber widerstehen, werden ein Urteil empfangen. Denn die Regenten sind nicht ein Schrecken für das gute Werk, sondern für das böse. Willst du dich aber vor dem **RECHT** nicht fürchten, so tue das Gute, und du wirst Lob von ihr haben; denn es ist Gottes Dienerin, dir zum Guten. Wenn du aber das Böse tust, so fürchte dich […].*

Dieser Text ruft also nicht speziell dazu auf, sich einem irdischen Rechtsvertreter selbst, sondern sich dem Recht als solches unterzuordnen. Das universelle, natürliche Recht, von dem Paulus in Rö 2,12-16 schreibt, ist von Gott und gilt JEDER SEELE:

Auch wenn die anderen Völker das Gesetz Gottes nicht haben, gibt es unter ihnen doch Menschen, die aus natürlichem Empfinden heraus tun, was das Gesetz verlangt. Ohne das Gesetz zu kennen, tragen sie es also in sich selbst. Ihr Verhalten beweist, dass ihnen die Forderungen des Gesetzes ins Herz geschrieben sind, und das zeigt sich auch an der Stimme ihres Gewissens und an den Gedanken, die sich gegenseitig anklagen oder auch verteidigen. (GNB; Röm 2,14 f)

Brechen wir also mit diesen einseitigen Übersetzungstraditionen aus alten monarchischen Zeiten, dann könnten wir den Mächten dieser Welt damit theologisch das Instrument tausendfacher Unterdrückung und Willkür nehmen und könnten auch diese endlich entschieden zur ewigen, natürlichen Recht rufen!

1. Petrus 2, 11-17 – Kein Aufruf zur allgemeinen Obrigkeitshörigkeit

Vor allem die folgenden zwei Verse wurden und werden in unserem Zusammenhang gerne aus ihrem Kontext gerissen und zitiert:

> *Seid untertan* ***aller menschlichen Ordnung*** *um des Herrn willen [...]. Ehrt jedermann, habt die Brüder lieb, fürchtet Gott,* ***ehrt den König****!* (LU; 1.Petr 2,11-17)

Widerstand selbst gegen eine Staatswillkür oder einem Unrechtssystem ist also demnach für einen Christen unmöglich, oder? Ich denke, dass auch dieser Text keine pauschale politische Passivität von Christen einfordert. Der Schlüssel zum richtigen Verständnis dieser Schriftstelle liegt bei den Empfängern dieses Briefes.

Viele Briefe des Neuen Testamentes geben ursprünglich einen Empfänger derselben an. Nachdem die Evangelien zusammen mit den Briefen und der Apokalypse zum Neuen Testament kanonisiert wurden, wurde der Inhalt des Neuen Testamentes für die Christenheit allgemeingültig. Diese allgemeine Gültigkeit würde ich auch nicht bezweifeln, doch bedarf es bei der Auslegung der Texte größter Sorgfalt und unter anderem die Berücksichtigung des Anliegens des Autors und Fragen wie: An wen hat der Autor diesen Brief, unter welchen Umständen, wann, wo, was geschrieben? Mit diesen exegetischen Voruntersuchungen stellen wir zunächst fest, dass der Text an eine christliche Migrantengruppe geschrieben wurde, die verstreut in der Fremde lebte:

> *Petrus, ein Apostel Jesu Christi, an die auserwählten* ***Fremdlinge, die verstreut wohnen in Pontus, Galatien,***

Kappadozien, der Provinz Asien und Bithynien *[...]. (LU; 1Pet 1,1)*

Im Grundtext taucht neben dem Wort FREMDLING zusätzlich das Wort DIASPORA auf. Die DIASPORA (Zerstreuung, Ausstreuung) wird vor allem häufiger in der Septuaginta – einer griechischen Übersetzung des Alten Testamentes – verwendet und bezeichnet die Juden, die als Minderheit in der heidnischen Fremde lebten. Demnach ist es gut möglich, dass Petrus diesen Brief an jüdische Gläubige, die sich in der Fremde aufhielten, schrieb. Das würde auch deshalb Sinn machen, da der Apostel Petrus eine wichtige Säule der Jerusalemer Kirchengemeinde war, in der er vor allem sehr vielen jüdischen Konvertierten vorstand. Dass er den jüdischen Konvertierten in der Fremde Briefe schreibt, würde demnach ins Bild passen. **Wie konnten diese jüdischen Konvertierten als Ausländer in der Fremde ihren christlichen Glauben leben? Das ist das entscheidende Anliegen der Petrusbriefe!**

Wenn wir nun zurück zu unserem Text kommen, dann stellen wir stauend fest, dass dieser ebenfalls noch mal mit genau diesen Worten eingeleitet wird: *Liebe Brüder, ich ermahne euch* ***als Fremdlinge*** *[...].* Einen jüdischen Konvertierten, der sich in der Fremde aufhielt, konnte Petrus gar nichts anderes raten, als dass dieser sich an die hiesigen Gesetze und Hierarchien halten sollte. Alles andere hätte sowohl einer Integration als auch dem gutem Ruf aller Christen geschadet. Was wären diese Worte heute für ein Gewinn in der Integrationspolitik unseres Landes, wenn sie z. B. aus der Feder eines Recep Tayyip Erdoğan an alle Deutsch-Türken gerichtet wären? Dieser Text ist demnach keiner, der die allgemeine Christenheit zur politischen Passivität, sondern vielmehr eine kleine Gruppe zur Integration ermutigen möchte!

Im Zusammenhang des Textes liest sich unser Text mit dieser Perspektive ganz neu:

> *Liebe Brüder, ich ermahne euch* ***als Fremdlinge*** *[...]* ***führt ein rechtschaffenes Leben unter den Heiden, damit die, die euch verleumden als Übeltäter, eure guten Werke sehen und Gott preisen am Tag der Heimsuchung.*** *Seid untertan aller menschlichen Ordnung um des Herrn willen, es sei dem König als dem Obersten oder den Statthaltern als denen, die von ihm gesandt sind zur Bestrafung der Übeltäter und zum Lob derer, die Gutes tun.* ***Denn das ist der Wille Gottes, dass ihr mit guten Taten den unwissenden und törichten Menschen das Maul stopft – als die Freien*** *und nicht als hättet ihr die Freiheit zum Deckmantel der Bosheit, sondern* ***als die Knechte Gottes. Ehrt jedermann****, habt die Brüder lieb, fürchtet Gott, ehrt den König! (LU; 1.Pet 11-17)*

Petrus ermutigt seine Landsleute zur Integration in einer heidnischen – für einen Juden oftmals feindlichen – Fremde. Er empfiehlt seinen Landsleuten, sich möglichst nichts zuschulden kommen zu lassen, damit niemand sie verleumden könne. Weiter ermutigt er sie in der Fremde zu guten Taten, um den „törichten Menschen" das „Maul zu stopfen" – sprich an den Stammtischen ihrer Zeit soll man sich möglichst nicht über die Ausländer aufregen können, sondern diese für ihr selbstloses Engagement schätzen lernen. Als Christen sind sie zudem dazu aufgerufen kein Ansehen, der Person zu dulden[10]: Sie sollen JEDERMANN EHREN, das schließt den einfachen Glaubensbruder, Gott und selbst den heidnischen König mit ein.

Wir sehen also, dass wir diesem Text Gewalt antun und dem Apostel Petrus Dinge in den Mund legen, wenn wir diesen Teil des Briefes als allgemeinen Aufruf zur christlichen Obrigkeitsgläubigkeit auslegen.

Eine weitere exegetische Beobachtung unterstreicht meine Behauptung. Luther übersetzt: *„Seid untertan aller* ***menschlichen Ordnung*** *um des Herrn willen, es sei dem König als dem Obersten*[11] *oder den Statthaltern [...].“* Im Grundtext ist hier aber von der menschlichen KTISIS (Schöpfung, das Geschöpf) die Rede. Mit Ordnung – im Sinne von staatlicher Ordnung – wird es von immerhin 19 Stellen NUR in unserer Stelle übersetzt![12] Luther selbst übersetzt dieses Wort im zweiten Petrusbrief mit „Schöpfung“: *„[...] nun bleibt es alles, wie es von Anfang der* ***Schöpfung*** *gewesen ist [...].“* (LU; 2Petr 3,4)

Würde Luther seinem eigenen Übersetzungsmuster folgen, müsste er *„Seid untertan allen* ***menschlichen Geschöpfen*** *um des Herrn willen, es sei dem König als dem Obersten oder den Statthaltern [...].“* übersetzen. Damit würde er eine **allgemeine Unterordnung** – ganz im Sinne seines Schlusses ***Ehrt jedermann*** – einfordern. Jedermann zu ehren schließt auch die Regierenden (vom Höchsten im Staate, „dem König“, bis zum

---

[10] 1.Petr 1,17

[11] Vgl. Artikel zu Römer 13 *huperechō*: *hinausragen über*

[12] Vgl. Mk 10,6; 13,19; 16,15; Rö 1,20; 8,19; 2. Kor 5,17; Gal 6,15; Kol 1,15; Hebr 4,13; 9,11; 2. Petr 3,4; Off 3,14

Kleinsten im Staate, „dem Staathalter“) mit ein, aber gibt ihnen damit keine exklusive Sonderstellung dem Geringsten der Brüder gegenüber.

Vor allem dieser Tradition der Lutherübersetzung haben wir es bis heute zu verdanken, dass selbst moderne Übersetzungen wie Neues Leben und andere dieser nicht haltbaren Übersetzung folgen: *„Ordnet euch den* ***staatlichen Gewalten*** *unter, denn das entspricht dem Willen Gottes: sei es dem König als Staatsoberhaupt oder den Beamten, die er ernannt hat [...].“*

Im Geiste unseres Buchtitels „Die Systemkritik des MEISTERS“ fordere ich dazu auf, mit diesem Übersetzungssystem zu brechen und neuere philologische Erkenntnisse in die Bibelübersetzung einfließen zu lassen! Christen sollen nicht blind obrigkeitshörig sein! Sie sollen sich vor allem dem Recht verpflichtet sehen und die Rechtsvertreter gegebenfalls auch daran erinnern, sich aller demokratischen Instrumente zu bedienen, ja sogar hier und da durch zivilen Ungehorsam die Kanzler, Könige, Präsidenten, Offiziere und Beamten an dieses Recht erinnern!

Wenn der MEISTER zum Wiederstand ruft

Zur Vertiefung dieses Kapitels empfehle ich Ihnen das Buch *Der dritte Weg Jesu in Südafrika und anderswo.*[13] Dieses Kapitel ist vor allem von Winks Ausführungen in demselbigen inspiriert; leider ist sein Werk zur Zeit nur noch antiquarisch erhältlich.

> *Die Kirche sagt zu dem Lamm und dem Löwen: "Gestatte mir, einen Waffenstillstand zwischen euch auszuhandeln", worauf der Löwe sagt: „Fein, dann kann ich anschließend in Ruhe weiteressen." (Walter Wink)*

Das Neue Testament sagt den Frommen sehr deutlich, dass ihr Kampf ein geistlicher ist und NIEMALS ein Kampf gegen „Fleisch und Blut“ sein soll! Aber heißt das, dass Fromme jedes Unrecht dieser Welt (nur) mit geistlichen Dingen wie dem Gebet bekämpfen dürfen? Was ist mit den Ungerechtigkeiten auf dieser Welt? Was ist, wenn uns jemand auf die Backe schlägt, uns zu Unrecht vor ein Gericht zieht oder uns durch seine Stellung anders mobbt und nötigt? Was ist mit ungerechter Abschiebung von Asylbewerbern?! Gibt es etwas, das die Frommen zusätzlich zu unserem Gebet tun können und sollen?

Was ist mit den zum Himmel schreienden Schieflagen, dass z. B. Hunderte Milliarden für Waffen und Bankenrettung ausgegeben werden, aber nur wenige Millionen für vor Hunger sterbende Menschen? Ein schöne unbekanntes Zitat sagt: *Weil die Klügeren zu lange nachgegeben haben, müssen wir nun mit*

---

[13] Walter Wink; *Der dritte Weg Jesu in Südafrika und anderswo, Claudius Verlag München 1988, S. 33-45*

der Herrschaft der Dummen leben. Gibt es neben den Optionen „Flucht“ und „Kampf“ eine dritte Möglichkeit auf, Unrecht zu reagieren?

JA, die gibt es, und der MEISTER lehrt sie uns. Das bereits vorneweg: Ich glaube, dass Christus beides hasst: Passivität und Gewalt als Antwort auf das Böse, er lehrt uns einen dritten Weg!

Jeder kennt den folgenden Text aus der Bergpredigt, in dem der MEISTER unter anderem lehrt, die andere Wange hinzuhalten! Meine Frage ist: Bedeutet die andere Wange hinhalten wirklich eine passive, christliche Fußabtretermentalität? Auf den ersten Blick klingt das, was Jeshua uns zu sagen hat, tatsächlich so …

> *Ihr habt gehört, dass gesagt ist: »Auge um Auge, Zahn um Zahn.« Ich aber sage euch, dass ihr* ***nicht widerstreben sollt dem Übel****, sondern: wenn dich jemand auf deine rechte Backe schlägt, dem biete die andere auch dar. Und wenn jemand mit dir rechten will und dir dein Hemd nehmen, dem lass auch den Mantel. Und wenn dich jemand nötigt, eine Meile mitzugehen, so geh mit ihm zwei. (LU; Mt 5,38-42)*

So sollen wir – laut dem MEISTER – mit dem Übel, dem Bösen in dieser Welt, umgehen – wir sollen ihm nicht widerstreben! Kann das sein? Ja, aber wenn es doch in der Bibel steht, dann stimmt es doch, oder? Wir werden uns gleich näher mit dem Text beschäftigen und nachsehen, ob dieser Text das wirklich sagt. Aber bleiben wir einmal bei dieser Version: „wiederstrebt nicht dem Übel!“ Vor ein paar Monaten bekamen wir als Familie einen Brief von einem Anwalt, danach sogar von einem Inkasso Unternehmen mit einer sehr hohen Geldforderung. Meine Frau war im Internet in eine Abofalle getreten und hatte mit dem Abharken der AGBs angeblich einen Abovertrag mit einer Firma abgeschlossen! In diversen Chatrooms bekam ich raus, dass wir nicht die Einzigen waren und es Hunderte andere Betroffene gab. Auch diverse Verbraucherzentralen warnten vor dieser Firma. Die Rechtslage war und ist eindeutig: Das war ein Betrug! Die Geldforderungen waren nicht rechtens. Das war eine kriminelle Abzocke, ein böses Übel! Und jetzt: „widerstrebt nicht dem Übel!“, haltet die andere Backe hin! Was sagt uns dieser Text? Soll ich diesen Verbrechern das doppelte Geld schicken? Was meint der MEISTER mit diesem Text? Wie ist Jeshua selbst damit umgegangen, wenn man ihn auf die Backe geschlagen hat?

> *Als er so redete, schlug einer von den Knechten, die dabeistanden, Jesus ins Gesicht und sprach: Sollst du dem Hohenpriester so antworten? Jesus antwortete: Habe ich übel geredet, so beweise, dass es böse ist; habe ich aber recht geredet, was schlägst du mich? (LU; Joh 18,22 f)*

Wie bitte? War der MEISTER da nicht selber ein wenig inkonsequent? Er besteht darauf, im Recht zu sein, und beschwert sich darüber, dass er zu Unrecht geschlagen wurde? Das wäre doch eine gute Gelegenheit für den MEISTER gewesen, mit gutem Beispiel voranzugehen und die andere Backe hinzuhalten, oder? Stattdessen fordert Christus sein Recht ein und beschwert sich über die Behandlung! ... sehr seltsam!

Kommen wir zurück zu unserem Text im Matthäusevangelium.

> *Ihr habt gehört, dass gesagt ist: »Auge um Auge, Zahn um Zahn.« Ich aber sage euch, dass ihr* ***<u>nicht</u> widerstre-***

> ***ben sollt dem Übel**, sondern: Wenn dich jemand auf deine rechte Backe schlägt, dem biete die andere auch dar. wenn jemand mit dir rechten will und dir dein Hemd nehmen, dem lass auch den Mantel. Und wenn dich jemand nötigt, eine Meile mitzugehen, so geh mit ihm zwei. (LU; Mt 5,38-42)*

Wenn wir uns das griechische Wort ansehen, das hier mit *nicht widerstreben* übersetzt worden ist, dann sind wir sehr erstaunt! Hier steht das Wort *antistenai*. Dieses Wort setzt sich aus zwei Wörtern zusammen:

1. ANTI – das bedeutet GEGEN

2. HISTEMI – das ist ein Zeitwort, das in seiner substantivierten Form so viel wie *gewaltsamer Aufstand* oder *bewaffnete Revolte* bedeutet.

Das Wort *antistenai* wird im Alten Testament 71-mal verwendet (44-mal im unmittelbaren militärischen Kontext! Auch im Neuen Testament taucht es dreimal auf: Aber nirgendwo wird es mit Unterwürfigkeit übersetzt! Eine korrekte Übersetzung dieser Worte Jesu würde eigentlich etwas ganz anderes bedeutet wie: *Ihr habt gehört, dass gesagt ist: »Auge um Auge, Zahn um Zahn.« Ich aber sage euch, dass ihr nicht gegen das Böse zu den Waffen greifen sollt!*

Als Luther vor einigen hundert Jahren die Bibel übersetzte und damit auch bis in die heutige Zeit die Tradition der Bibelübersetzer in bestimmte Fahrwasser drängte, da tat man in diesem Fall etwas mehr, als einfach nur vom Griechischen ins Deutsche zu übertragen: Man übertrug *gewaltloser Widerstand* mit *Unterwürfigkeit*! Selbst neuere Bibelübersetzungen trauen es sich nicht, mit dieser falschen Übersetzung zu brechen. Die einzige Übersetzung, die das zumindest im Ansatz wagt, ist die *Neue evangelische Übersetzung*: „Verzichtet auf Gegenwehr, wenn euch jemand Böses antut!"

Im Klartext, damit es jeder versteht! Jeshua sagt nicht: Wehrt euch nicht gegen das Böse! SONDERN er sagt: Wehrt euch nicht militärisch gegen das Böse! **Das ist ein riesiger Unterschied!**

In den folgenden Beispielen werden wir sehen, dass Jeshua uns sehr wohl zum Widerstand, zum Kampf gegen Ungerechtigkeit und Unterdrücke aufrief. Aber ein christliches Volk, das denkt, es müsste jedes Unrecht der Obrigkeit geduldig ertragen; ist den herrschenden Unterdrückern natürlich viel lieber als das, was Jeshua hier von seinen Nachfolgern fordert.

Was fordert er denn? Er fordert dazu auf, Widerstand zu leisten, aber eben keinen militärischen und keinen passiven, aussitzenden Widerstand. Jeshua lehrt hier einen dritten Weg. Gehen wir einmal tiefer in den Text. Mit drei Beispielen erklärt Jeshua seinen Zuhörern, wie man gegen die Unterdrücker kämpfen soll:

1. *Wenn dich jemand auf deine rechte Backe schlägt, dem biete die andere auch dar.*

2. *Wenn jemand mit dir rechten will und dir dein Hemd nehmen, dem lass auch den Mantel.*

3. *Wenn dich jemand nötigt, eine Meile mitzugehen, so geh mit ihm zwei.*

Untersuchen wir einmal das erste Beispiel: *Wenn dich jemand auf deine rechte Backe schlägt, dem biete die andere auch dar.*

Ich glaube, wir missverstehen Jeshua hier in seiner Aussage völlig, wenn wir seine Worte als Beispiel für Passivität interpretieren. Um den Text richtig zu verstehen und einordnen zu können, müssen wir uns unter anderem fragen, wer die Zuhörer von Jeshua damals waren.

Wenn ich die Worte von jemand kenne, aber die Empfänger dieser Worte nicht kenne, dann laufe ich Gefahr, die Worte gegebenenfalls falsch zu verstehen. Wenn ich z.B. sage: „Streich die Bank!" – dann ist es ein Unterschied, ob ich das zu einem Maler im Stadtpark sage oder zu einem Bankmanager in der Finanzkrise. Wer waren die Zuhörer Jesu, was waren ihre Umstände und Lebensrealitäten? Nun, zur Zuhörerschaft der Bergpredigt zählten vor allem arme und unterdrückte Menschen! Das wird durch das direkte Ansprechen Jesu deutlich: *Selig seid ihr (Hungernden, Dürstenden, Unterdrückten etc.), wenn sie euch vor Gericht schleifen, zwingen eine Meile mit euch zu gehen etc.*

Jeshua redet hier mit Opfern eines Systems der Unterdrückung und Ungerechtigkeiten. Die Schere zwischen Arm und Reich, Mächtigen und Rechtlosen war damals sehr weit auseinandergegangen. Jeshua spricht hier mit rechtlosen, armen, ganz normalen Menschen des Volkes. Zu ihnen sagt er: *wenn dich jemand auf deine **rechte Backe** schlägt, dem biete die andere auch dar* ... Schon mal drüber nachgedacht, warum hier **rechte Backe** steht?

Sie können das Folgende einmal selbst ausprobieren. Was muss ich (als Rechtshänder) tun, um jemanden auf die rechte Backe zu schlagen?

1. Mit dem rechten Handrücken ...

2. oder mit der linken Hand schlagen!

Hier liegt ein Schlüssel zum richtigen Verständnis! Man schlug einen gesellschaftlich Gleichgestellten nicht mit dem Handrücken oder der linken Hand! In den Gemeinderegeln der Qumrangesellschaft wurde man für die bloße Drohgebärde mit der linken Hand mit einer zehntägigen Strafbuße belegt![14] Man schlug nur einen gesellschaftlich Unterlegenen mit dem Handrücken oder (noch schlimmer) der linken Hand! Das war etwas um Verachtung zu demonstrieren! So schlug man Sklaven und Kriminelle. Wenn man einen Gleichrangigen schlug, dann musste man dafür eine hohe Geldstrafe bezahlen. Schlug man hingegen einen Niedergestellten, dann wurde das nicht geahndet!

Und jetzt sagt der MEISTER zu den Unterdrückten, Armen, Verschuldeten, Sklaven und Leiharbeitern: *wenn dich jemand auf deine rechte Backe schlägt, dem biete die andere dar!*

Was bedeutet das? Das bedeutet genau das Gegenteil von dem, was wir darunter verstanden haben, oder? Es bedeutet: *lass dich NICHT entwürdigen, sei stolz, heb dein Haupt und lass dich nicht als Niedergestellten behandeln! Du bist ihm gleichgestellt! Fordere dein Recht auf Gleichbehandlung! Lass dich so NICHT behandeln!*

Und hier ist der Schläger plötzlich in einer Zwickmühle, denn wenn er der Bitte des Unterdrückten nachkommt und ihn auf

---

[14] „Und wer seine linke Hand herausstreckt, um damit zu fuchteln, der soll mit zehn Tagen bestraft werden" Eduard Lohse (Hg.): *Die Texte aus Qumran. Hebräisch und Deutsch mit masoretischer Punktation, Übersetzung, Einführung und Anmerkungen.* Darmstadt [2]1971, Gemeinderegel (1QS); VII,15

die andere Wange schlägt, dann erkennt er damit seine Gleichwertigkeit an (muss gegebenenfalls sogar Strafe zahlen). Er ist plötzlich mit seinen eigenen Waffen geschlagen!

Das ist der dritte Weg: Nicht passiv sein und alles erdulden. Nicht zu den Waffen greifen und zurückschlagen. NEIN, sondern ein gewaltfreier, aber entschlossener Widerstand, ein nicht militärischer, aber zugleich trotzdem sehr militanter Widerstand: Halte ihm die andere Wange hin, bestehe auf deiner Würde!

Aber das war ja nur das erste Beispiel. Kommen wir zum zweiten Beispiel: *wenn jemand mit dir rechten will und dir dein Hemd nehmen, dem lass auch den Mantel.* Diese Szene, die Jeshua hier beschreibt, spielt sich vor Gericht ab. Jemand wird darauf verklagt sein Hemd abzugeben. Wer könnte so etwas tun und unter welchen Umständen? Der Schlüssel liegt im Alten Testament.

> *Falls du einem aus meinem Volk, dem Elenden bei dir, Geld leihst, dann sei gegen ihn nicht wie ein Gläubiger; ihr sollt ihm keinen Zins auferlegen. – Falls du wirklich den Mantel deines Nächsten zum Pfand nimmst, sollst du ihm diesen zurückgeben, ehe die Sonne untergeht; denn er ist seine einzige Decke, seine Umhüllung für seine Haut. Worin soll er sonst liegen? Wenn er dann zu mir schreit, wird es geschehen, dass ich ihn erhören werde, denn ich bin gnädig. (ELB; 2.Mo 22,24-26)*

> *Wenn du deinem Nächsten irgendein Darlehen leihst, dann sollst du nicht in sein Haus hineingehen, um von ihm ein Pfand zu erheben. Draußen sollst du stehen bleiben, und der Mann, dem du geliehen hast, soll das Pfand*

zu dir nach draußen hinausbringen. Und wenn er ein bedürftiger Mann ist, sollst du dich nicht mit seinem Pfand schlafen legen. Du sollst ihm das Pfand unbedingt beim Untergang der Sonne zurückgeben, damit er sich in seinem Mantel schlafen lege und dich segne; […] das Kleid einer Witwe sollst du nicht pfänden. (ELB; 5.Mo 24,10-17)

Sie treten nach dem Kopf der Geringen wie auf den Staub der Erde, und den Rechtsweg der Elenden beugen sie […]. Und auf gepfändeten Kleidern strecken sie sich aus neben jedem Altar, und Wein von Strafgeldern trinken sie im Haus ihres Gottes. (ELB; Am 2,7f)

Auch im Deutschen kennen wir noch diese Redewendung, dass einer sein *letztes Hemd* gegeben hat. Nur die Ärmsten der Armen hatten nichts, außer dem, was sie anhatten, meist nur ein Untergewand und einen Unterrock. Wenn sich so jemand verschuldete, dann konnte der Gläubiger eigentlich nur das Obergewand des Schuldners vor Gericht pfänden lassen. Das Gesetz sah allerdings vor, dass dem Schuldner dieses Gewand für die Nacht zum Schlafen wieder ausgehändigt werden musste.

Verschuldung war im ersten Jahrhundert eines der ernstesten sozialen Probleme in Israel. Immer tiefer gerieten die Schuldner in diese Falle und mussten zum Schluss ihr letztes Hemd geben. Das war eine Strategie der Mächtigen, um an Land zu kommen. In Israel wurde Land wie erwähnt ursprünglich nicht öffentlich gehandelt, sondern von Generation zu Generation vererbt. Die einzige Möglichkeit von Großgrundbesitzern, Menschen um ihr Land zu bringen, waren Schulden mit enormen Wucher-Zinsen zu gebrauchen!

Zu Tausenden verloren die Menschen so ihre Existenzgrundlage. Es war daher auch kein Zufall, dass bei dem jüdischen Aufstand 66 n. Chr. der Tempelschatz in Brand gesetzt wurde – hier befanden sich die Schuldbücher!

Das war ein System der Ausbeutung und schrie zum Himmel! Und jetzt kommt Jeshua und sagt den um ihr Hab und Gut geprellten Menschen: *wenn jemand mit dir rechten will und dir dein Hemd nehmen, dem lass auch den Mantel* / andere Übersetzungen sagen Rock oder Untergewand. Im Klartext sagt Jeshua: Wenn dir jemand vor Gericht das letzte Hemd nehmen will, dann gib ihm am besten gleich noch deine Unterhose! Sag ihnen; dann kannst du ja gleich ganz nackt sein!

Jeshua rät seinen Zuhörern, im Gerichtssaal Blank zu ziehen und sich splitternackt zu machen?! JA, genau das! Um das verstehen zu können, müssen wir wissen, dass öffentliche Nacktheit in der Bibel immer ein Skandal, ein Zeichen der Schande war!

- Man muss sich die Scham des Richters im Gericht vorstellen, wenn der Verurteilte vor lauter Verzweiflung Blank zieht.

- Man muss sich die Gespräche auf der Straße vorstellen, wenn die Leute den Nackten fragen was ihm passiert sei: JA, die im Gericht haben mir alles genommen!

Die alten Rabbiner haben damals gesagt: „Wenn dich dein Nächster einen Esel nennt, dann schnall dir einen Sattel um!“ Klartext: Schlag die Bande mit ihren eigenen Waffen! Sorg dafür, dass über diesen Skandal gesprochen wird, schaffe dir Öffentlichkeit ... Lass dich NICHT entwürdigen, kämpfe gegen dieses Unrecht! Mach dich notfalls im Gericht nackig und zeig dem Richter, was für einen Unsinn der da macht!

Das ist der dritte Weg: Nicht passiv sein und alles erdulden. Nicht zu den Waffen greifen und zurückschlagen. NEIN, sondern ein gewaltfreier, aber entschlossener Widerstand, ein nicht militärischer, aber zugleich trotzdem sehr militanter Widerstand: Gib ihnen gleich auch deine Unterhose!

Kommen wir zum dritten Beispiel Christi: W*enn dich jemand nötigt, eine Meile mitzugehen, so geh mit ihm zwei.* Hier geht es um so etwas wie Zwangsarbeit! Die römischen Soldaten hatten das Recht, Zivilisten dazu zu zwingen, ihr Gepäck (30-40 Kilo) eine Meile weit zu tragen – aber jeder Versuch, den Zivilisten zu einer zweiten Meile zu zwingen, wurde vom Militärgesetz strengstens verboten und geahndet! Auf diese Weise versuchten die Römer den Zorn der Massen wenigstens in Maßen zu halten.

Die römischen Straßen hatten in regelmäßigen Abständen einen Meilenstein aufgestellt. Man konnte daher sehr leicht überprüfen, wie weit man bereits zur Zwangsarbeit genötigt worden ist. Wir sehen etwas von dieser römischen Praxis auch bei Simon von Kyrene, den man dazu zwang, Jeshuas Kreuz zu tragen – das war ganz normaler Wahnsinn damals!

> *Und als sie ihn abführten, ergriffen sie einen Mann, Simon von Kyrene, der vom Feld kam, und legten das Kreuz auf ihn, dass er's Jesus nachtrüge. (LU; Lk 23,26)*

Und jetzt kommt Jeshua und sagt: Hey, wenn die euch dazu zwingen, eine Meile zu gehen, dann geht mit einem Lächeln auch die „eigentlich verbotene“ zweite Meile! Was passiert dann? Dann hat der Soldat ein Problem! Wenn er das zulässt, dann macht er sich strafbar und muss vor dem Militärgericht mit Bestrafung rechnen! Was muss in dem Soldaten vorgehen? Er wird richtig Angst bekommen! „Mist, jetzt hab ich aber ein Problem."

Das ist der dritte Weg: Nicht passiv sein und alles erdulden. ABER auch nicht zu den Waffen greifen und zurückschlagen. NEIN, sondern ein gewaltfreier, aber entschlossener Widerstand, ein nicht militärischer, aber zugleich trotzdem sehr militanter Widerstand: Bestehe darauf, zwei Meilen zu gehen oder gar nicht!

Bekämpfe die Unterdrücker mit ihren eigenen Waffen! Ja, eigentlich hätten wir gerne noch mehr Beispiele von Jeshua gehört, oder? Aber in diesem Text sind uns nur diese drei überliefert worden. Schauen wir in die Geschichte! Wir wissen nicht, ob Jeshua diese Sache mitbekommen hat, aber im Jahr 26 n. Chr. wurde ein Abbild des Kaisers – die Kaiserliche Standarte – im Jerusalemer Tempel aufgestellt. Gotteslästerung! Ein Bild vom Menschgott, dem Kaiser, in Gottes heiligem Tempel?!

Die Juden widersetzten sich, der jüdische Geschichtsschreiber Josephus schreibt: *„Da legten sich die Juden in großer Zahl vor seinem Palast auf die Erde und verharrten fünf Tage und fünf Nächte bewegungslos am Boden […]. Nachdem Pliatus gedroht hatte sie zu töten, wenn sie weiterhin das Aufstellen des Kaiserbildnisses verweigerten, gab er den Soldaten den Befehl, das Schwert zu ziehen. Daraufhin warfen sich die Juden zu Boden, reckten Pilatus ihre Köpfe entgegen und riefen, dass sie eher bereit wären zu sterben, als die göttliche Ordnung zu übertreten. Überwältigt von so großem religiösen Eifer, befahl*

Pilatus, die Standarte unverzüglich aus Jerusalem zu entfernen."[15]

Das ist der dritte Weg: Nicht passiv sein und alles erdulden. ABER auch nicht zu den Waffen greifen und zurückschlagen. NEIN, sondern ein gewaltfreier, aber entschlossener Widerstand, ein nicht militärischer, aber zugleich trotzdem sehr militanter Widerstand.

Das haben auch andere gelehrt und dabei sehr viel von Jeshua abgeschaut: „Was man mit Gewalt gewinnt, kann man nur mit Gewalt behalten." (Mahatma Gandhi) Bekämpfe das Böse und Üble in dieser Welt mit genau diesem dritten Weg!

- Man will Ihnen die Kinder wegnehmen? Dann wehren Sie sich mit dem dritten Weg!
- Man will Ihnen das Haus wegnehmen? Dann wehren Sie sich mit dem dritten Weg!
- Man will Sie ins Ausland abschieben? Dann wehren Sie sich mit dem dritten Weg!
- Man will Ihnen den Hartz-IV-Satz kürzen? Dann wehren Sie sich mit dem dritten Weg!
- Will Sie ein Handwerker prellen? Dann wehren Sie sich mit dem dritten Weg!

... das sind alles Beispiele aus unserer Kirchengemeinde! Das sind alles Kämpfe, die von Menschen aus unserer Kirchengemeinde gekämpft wurden und zum Teil werden. Gott sei Dank müssen die Menschen unserer Kirchengemeinde nicht alleine

---

[15] Josephus: War 2.172-74; Antiquities 18.55-59.

kämpfen, als Gemeindefamilie versuchen wir uns gegenseitig für den anderen stark zu machen und konnten auf diese Weise schon den einen oder anderen Sieg erringen.

> Dieser neue Weg markiert einen Entwicklungsschritt in der Menschheitsentwicklung, der historische Dimensionen hat. Es ist die Revolte gegen das Prinzip „der natürlichen Selektion". Mit Jesus eröffnet sich ein Weg und eine Möglichkeit, wie dem Bösen widerstanden werden kann, ohne es einfach nur selbst widerzuspiegeln.[16]

Für uns vor Ort ist klar: Christen dürfen, ja Christen sollen sich wehren, aber eben richtig! Ich wünschte mir, der Passivität und Ohnmacht gegenüber dem zum Himmel schreienden Unrecht in unserem Land und der Welt würde sich die Frommen endlich entschieden entgegenstellen, ihre Stimmen erheben und anfangen den Herrschenden dieser Welt die Stirn zu bieten!

---

[16] Walter Wink; Der dritte Weg Jesu in Südafrika und anderswo, Claudius Verlag München 1988, S.45

Welche Partei ist die richtige?

„Wenn sich Christen politisch engagieren, dann tut das einem Land und einer Region gut. Dabei spielt es keine Rolle, in welcher demokratischen Partei sie tätig sind." (Jochen Bohl, Landesbischof der Evangelisch-Lutherischen Landeskirche Sachsens)

Wählt ein Christ besser Gelb, Schwarz, Rot oder Grün? Nein, ich werde mich nicht auf eine Partei festlegen und Ihnen das Denken ersparen. Möchte Ihnen aber gerne ein paar Denkanstöße geben.

Mancher Fromme fragt mich: „Wähle ich die, die sich für soziale Themen einsetzen, aber die bürgerliche Moral mit Füßen treten, oder jene, die sich für bürgerliche Werte einsetzen, aber dafür der Wirtschaft dienen und die Schere zwischen Arm und Reich weiter auseinanderdriften lassen?"

Meine Antwort ist: Christen sind mit moralischen Themen leicht zu beeindrucken. Selbstverständlich wünschen wir uns als Christen weniger moralischen Verfall, weniger oder gar keine Abtreibungen, eine familiengerechtere Politik etc., aber ist auf der anderen Seite soziale Ungerechtigkeit nicht auch ein unmoralischer Zustand? In frommen Kreisen neigen viele allzu schnell mit der gut gemeinten Moralkeule, alle wertvollen Impulse der sozial angagierteren Parteien in den Kirchengemeinden in den Boden zu stampfen! Wenn man diese oder gar jene wählen würde, dann ginge es in kürzester Zeit zu wie in Sodom und Gomorra, heißt es oft. Mit diesem oder anderen Schreckgespenstern werden gutgläubige Gemeindeschäfchen leider viel zu oft (nicht nur in den USA) zum Stimmvieh für klassische konservative Positionen gemacht!

Aber wie war es denn noch mal bei dem erwähnten Strafgericht über Sodom und Gomorra? Was war der Grund für die Zerstörung dieser gottlosen Städte? Sexuelle Unmoral, die sogar vor Inzestbeziehungen und homosexuellen Gruppenvergewaltigungen nicht zurückschreckte? Leicht kommt man zu diesem Urteil, aber die Propheten legen den Finger interessanterweise in eine andere Wunde dieser Städte! Schauen wir noch einmal in ein Kapitel meines ersten Buches „Vom Superhelden Abraham“:

> Aber wenn wir uns die Bibel anschauen, dann stellen wir zudem noch etwas ganz anderes fest: *Die Schuld deiner Schwester Sodom war, dass sie und ihre Töchter* ***hochmütig*** *waren, dass sie in* ***Überfluss zu essen*** *hatten und in* ***sorgloser Ruhe dahinlebten, ohne*** *den Elenden und Armen* ***zu helfen.*** *Sie wurden* ***hochmütig*** *und begingen* ***Gräueltaten*** *vor meinen Augen. Darum habe ich sie verstoßen, wie du selbst gesehen hast.*[17] In den nächsten Jahren werden mehr als 15 Millionen deutsche Haushalte erben, und zwar etwa zwei Billionen Euro! Das entspricht über ein Fünftel des gesamten Privatvermögens.[18] Trotz des vielen Gejammers in Deutschland gibt es sehr viele Menschen in unserem Land, denen es sehr gut geht, und gesamtgesellschaftlich zählen wir nach wie vor zu den Reichsten der Reichen. Wir haben so vieles im Überfluss! Dennoch haben wir gleichzeitig auch

---

[17] Hes 16,49-50, EU, Hervorhebung durch den Autor.

[18] Hahne, Peter: Schluss mit lustig. Das Ende der Spaßgesellschaft. – Lahr/Schwarzwald:

St.-Johannis-Druckerei, 2007, S. 60.

viele Menschen in relativer Armut in unserem Land, die Kinder- und Jugendarmut steigt dabei rapide an. Gleichzeitig wissen wir, dass die Bildungschancen mit jedem Euro, den die Eltern weniger verdienen, für diese Kinder und Jugendlichen sinken, und ihnen damit auch ein vernünftiger Einstieg in den Arbeitsmarkt verwehrt bleibt. Ein Teufelskreis. Wir wissen das, wir kennen die Zahlen alle gut und schreiben sie fleißig auf. Wir haben Menschen, die wir für die Erfassung dieser Zahlen bezahlen, aber was tun wir dagegen? Wenn es stimmt, was die Archäologen uns über Sodom berichten, dann war diese Stadt eine Hochkultur, mit funktionierendem Handel, Infrastruktur, Wissenschaften, Künsten, feinstem Handwerk, einer stabilen Regierung mit Beamtenschaften etc. Aus anderen Ausgrabungen stellten wir staunend fest, was die antiken Beamten bereits damals alles an Daten gesammelt hatten. Mich würde es daher auch nicht wundern, wenn wir auf irgendwelchen verstaubten Tontafeln antike Beamtenwitze finden würden, denn die Leute standen sicher auch schon damals mit irgendwelchen Formblättern in irgendwelchen Menschenschlangen, weil sie z. B. ihr Kamel auf ihre Frau ummelden wollten und dafür neue Papiere brauchten oder Ähnliches. Es ist meines Erachtens daher sogar weiter möglich, dass es auch in Sodom so etwas wie einen jährlichen *staatlichen Armutsbericht* gab. Vielleicht haben die Menschen damals auch gesagt, dass das ja ganz unsozial und schlimm sei, aber haben es, wie viele heute auch, bei ihren Lippenbekenntnissen gelassen. Dass es Armut in einer Gesellschaft gibt, ist das eine, das andere ist aber, wie wir damit umgehen! Den meisten Leuten damals war es jedenfalls total egal, Hauptsache ihnen ging es gut. Weltweit gibt es etwa 40 Millionen Abtreibungen, und das jedes Jahr. Im Westen ist der Hauptgrund für Abtreibungen das „*liebe* Geld“ bzw. die Karriere. In Kanaan gab es zur Zeit der Landeinnahme einen grausamen Gott namens *Moloch,* dem Säuglinge lebendig geopfert wurden. Heute findet jeder, den man auf der Straße fragen würde, solche alten Kulte zu Recht grausam und schrecklich. Aber ist es nicht so, dass die Menschen heute ihre Kinder anstatt dem *Moloch* dem *Mammon* opfern? Damit es uns gut geht und wir es bequem haben, ist unsere Gesellschaft sogar bereit, ihre eigenen Kinder zu töten. Ein weiterer neuer Trend in unseren Industriestaaten ist ja der sogenannte *Biosprit* – also Kraftstoff aus nachwachsenden Rohstoffen. Bis hierhin klingt es ja noch sehr gut, nur sind diese nachwachsenden Rohstoffe meist Agrarprodukte wie Mais, Getreide, Soja, Zuckerrohr etc., sprich Lebensmittel! Die große Nachfrage nach Biosprit und andere Faktoren führen also dazu, dass Lebensmittel tonnenweise in Kraftstoffe umgewandelt werden. Das wiederum sorgt dafür, dass weniger Lebensmittel auf dem Markt zu kaufen sind und sich so ihr Preis rapide erhöht. Wenn bei uns die Milch oder die Kartoffeln teurer werden, dann stöhnen und meckern wir darüber. In den armen Regionen unserer Welt bedeutet aber eine Verdoppelung oder, wie jüngst geschehen, eine Verdreifachung der Lebensmittelkosten, dass Menschen an Hunger sterben! Und das nur, damit wir mit ruhigem Gewissen Auto fahren können, nach dem Motto: *Benzin statt Brot.* Und wir wissen das alles, auch hier haben wir wieder Leute angestellt, die fleißig mitschreiben und Daten sammeln. Bei den Vereinten Nationen gibt es sogar einen sogenannten *UN-Sonderbotschafter für das Recht auf Nahrung* namens Jean Ziegler, der die Welt im Juni 2007 warnte: „Die Produktion von Agrartreibstoffen kann weltweit zu Hunderttausenden zusätzlichen Hungertoten führen."[19] Berechnungen zufolge sollen die Hungernden bis zum Jahre 2025 von derzeit ca. 850 Millionen auf 1,2 Milliarden steigen! Nüchtern stellt Ziegler fest: „Wir leben in einer mörderischen Weltordnung! [...] ein Kind, das heute an Hunger stirbt, wird ermordet."[20] Man könnte an dieser Stelle noch andere Beispiele wie die Subventionspolitik der USA oder der EU, die Kreditvergabe der großen Banken, Spekulanten an den Aktienmärkten etc. aufzählen, doch ich denke, wir verstehen uns: *Dieser Text ist topaktuell*. Jesus sagt uns im Lukasevangelium, dass die Gleichgültigkeit der Menschen in Sodom die gleiche war, wie sie es in den Tagen seiner Wiederkunft sein wird: *Wenn sein Tag da ist, wird der Menschensohn kommen wie ein Blitz, der mit einem Schlag den ganzen Horizont ringsum erhellt [...]. Wenn der Menschensohn kommt, wird es genauso sein wie [...] in den Tagen Lots. Sie aßen und tranken, sie kauften und verkauften, bestellten das Land und bauten Häuser, wie sie es gewohnt waren. An dem Tag aber, an dem Lot die Stadt Sodom verließ, fiel Feuer und Schwefel vom Himmel und vernichtete sie alle. Ganz genauso wird es an dem Tag sein, an dem der Menschensohn er-*

---

[19] Rettet den Regenwald e.V. URL:
http://www.regenwald.org/regenwaldreport.php?artid=229 (Stand 29.4.2008)

[20] Norddeutscher Rundfunk. URL:
http://www3.ndr.de/ndrtv_pages_std/0,3147,OID2372284_REF2330,00.html (Stand 29.7.2008)

> *scheint [...]. Denkt an Lots Frau!*[21] Gott bewahre unsere Gewissen davor, dass auch uns soziale Ungerechtigkeit und sonstiges Unrecht gleichgültig wird und wir im Grunde nur an uns selbst denken [...]."[22]

Nur damit wir uns nicht falsch verstehen: Die sexuellen Egoismen waren Gott mit Sicherheit auch ein Dorn im Auge. Aber aus soziologischer Sicht scheint mir diese aus dem ersteren entsprungen zu sein![23] Bücher wie „Deutschlands Sexuelle Tragödie" zeichnen ein düsteres Bild der sexuellen Verwahrlosung gerade in vielen unserer sozialen Brennpunkte! Natürlich ist das nicht die einzige Wurzel dieser Probleme, aber wir wollen es hierbei bewenden lassen.

> *Denn ich, der Herr, liebe die Gerechtigkeit. Ich hasse den auf krummen Wegen erschlichenen Raub. (Jes 61,8)*

Was ich damit sagen möchte, ist: Soziale Ungerechtigkeit, gerechte Löhne und allgemeine Solidarität dürften für politisch engagierte Christen eigentlich keine Randthemen sein, sondern müssten Kernkompetenzen sein! Vor allem die „C" - Partei muss sich an diesen Kernkompetenzen messen lassen. Welche Partei ist denn jetzt die richtige? Obwohl ich in meinem politischen Denken die meiste Schnittmenge meiner christlichen Überzeugungen in einer bestimmten Partei sehe, könnte ich niemanden die Last der eigenen Entscheidungsfindung abnehmen! Das will heißen: Finden Sie es selber heraus!

---

[21] Lk 17,24-33.

[22] Samuel Diekmann; Vom Superhelden Abraham. Oder Christsein muss gelebt werden; Leuchterverlag 2009

[23] Vgl. Jes 1,9-19; 3,9-13; Kla 4,3-6

Setzen Sie sich mit dem Parteiprogramm der einzelnen Parteien auseinander und entscheiden Sie selbst nach bestem Gewissen. Die richtige Partei ist die, die ihre Stimme gegen Armut, soziale Ungerechtigkeit und Hunger und Unterdrückung erhebt, die dem Schwachen beisteht und Solidarität von dem Starken einklagt, die sich die Werte der Nächstenliebe, des Rechts und Gottes Ordnungen auf die Fahnen geschrieben hat und sich als aller Diener und nicht als ihr Herrscher versteht. Bekämpfung von Armut und Ungerechtigkeit ist keine Frage von Links oder Rechts, sondern von Richtig oder Falsch!

Sobald Sie diese Partei gefunden haben, bitte ich Sie um eine E-Mail an mich – denn ganz im Ernst, ich bin selber immer noch auf der Suche nach ihr. Bis dahin bleibt uns nur die Binsenweisheit „das geringste Übel" – sprich die Parteien mit den größten Schnittmengen dieser Themen zu wählen und sich selber aktiv dafür einzusetzen, dass sich Dinge verbessern.

Setzen Sie sich mit den Parteiprogrammen auseinander, diese kann man sehr leicht online lesen, ausdrucken oder sich in der Regel auch zuschicken lassen. Eine weitere einfache Variante wäre z. B. der „Wahl-O-Mat"[24]. Hier muss man einige Fragen beantworten, der Wahl-O-Mat vergleicht die Antworten mit allen zu wählenden Parteien und gibt Ihnen als Ergebnis die Parteien, mit denen Sie am meisten inhaltliche Übereinstimmung haben. Nachfolger des MEISTERS sollten nicht primär einfach jene Parteien wählen, die christlich, biblisch, bibeltreu oder Ähnliches im Namen tragen, sondern jene, bei der es die größte Schnittmenge mit dem Willen des gnädigen MEISTERS gibt. Zitat des MEISTERS:

---

[24] www.**wahl-o-mat**.de

„Nicht alle Menschen, die sich fromm gebärden, glauben an Gott. Auch wenn sie `Herr´ zu mir sagen, heißt das noch lange nicht, dass sie ins Himmelreich kommen. Entscheidend ist, ob sie meinem Vater im Himmel gehorchen.“ (Mt 7,21)

... das im Einzelnen selbst zu beurteilen traue ich meinen Lesern zu. Ein Artikel der *Bundeszentrale für politische Bildung* bringt die Frage nach der richtigen Partei wie folgt auf den Punkt:

„Für Christen, die sich politisch engagieren wollen, stellt sich zunächst die Frage, für welche Partei sie sich entscheiden sollen: Der Christ kann keine Partei finden, die den aus seinem Glauben und seiner Kirchenzugehörigkeit entsprechenden ethischen Forderungen voll und ganz entspricht: Deshalb soll seine Zugehörigkeit zu einem politischen Lager niemals ideologisch, sondern immer kritisch sein. Dies setzt Kompromissfähigkeit voraus, die aber nicht zu grenzenlosem Pluralismus politischen Engagements führen darf. Aus theologisch-ethischer Sicht gibt es eine Ablehnung der Mitwirkung in Parteien, die eine antichristliche Weltanschauung vertreten, Menschenrechte ablehnen oder bekämpfen. Dies gilt etwa für rechtsextreme Parteien […]. Angesichts der Pluralität des christlichen Engagements in politischen Parteien darf mit Recht erwartet werden, dass sich Christen mit unterschiedlichen parteipolitischen Optionen nicht gegenseitig als "unchristlich" verurteilen oder gar bekämpfen. Dies bedeutet etwa, dass das "C" in CDU und CSU als freiwillig angenommene Selbstverpflichtung, aber nicht als exklusiver Anspruch zu verstehen ist. Von Christen ist weiterhin zu erwarten, dass sie auch Nichtchristen mit Achtung und Respekt begegnen. Sie können für sich per se keinen Vorrang in Werte-

wie in Sachkompetenz beanspruchen, sondern haben die Argumente anderer zu beachten. Parteipolitisches Engagement von Christen, wenn es tatsächlich mit Einfluss verbunden ist, kann auf Grund seiner Dauerhaftigkeit, seiner Zeitintensität und seines Aufwandes etwa in zeitlicher Hinsicht mit anderen Verpflichtungen wie der Pflege der Beziehungen in Familien oder im Freundeskreis, aber auch mit religiösen Pflichten (Gottesdienstbesuch) in Konflikt geraten. Für Christen bleibt Politik immer etwas Vorläufiges und Relatives. Sie werden daher politische Ideologien mit umfassendem Weltanschauungscharakter und Erlösungsanspruch zurückweisen. Solche Ansprüche können sie aufgrund der christlichen Anthropologie, die um die Anfälligkeit der Menschen für sachliche und moralische Irrtümer weiß, nicht annehmen. Weiterhin sollte der christliche Glaube politisch handelnde Christen ermuntern, über die Vertretung ihrer eigenen Interessen hinauszugehen und sich durch einen Gerechtigkeitssinn auszuzeichnen, der die Interessen anderer, auch von Nichtwählern, z.B. kommender Generationen, Ausländer, der "Dritten Welt", einbezieht. Das Handeln von Christen in der Politik steht unter dem Selbstanspruch, einen Beitrag zu größerer Gerechtigkeit in der Gesellschaft zu leisten."[25]

... dem ist nichts mehr hinzuzufügen.

---

[25] Joachim Wiemeyer. Bundeszentrale für politische Bildung. URL: http://www.bpb.de/publikationen/EUIW0O,4,0,Das_Engagement_von_Christen_in_politischen_Parteien.html#art4 (Stand 21.03.2009)

Ökonomie

Die Welt hat genug für jedermanns Bedürfnisse, aber nicht für jedermanns Gier. (Mahatma Gandhi)

Ein Bauer gewinnt 3.000 Euro. Leider fällt ihm das Geld auf den Boden und seine fette Sau frisst das Geld. Der Geldbote hat einen Ratschlag parat: *„Geben Sie der Sau einen Korn zu trinken und treten Sie ihr in den Hintern, dann kotzt die das Geld wieder aus*." Da der Bauer gerade keinen Korn im Haus hat, schleppt er die Sau in die nächste Kneipe, bestellt ein Bier und einen Korn. Er trinkt das Bier auf ex, gibt der Sau den Korn, tritt ihr in den Hintern und siehe da, sie erbricht einen Tausender. Der Wirt ist begeistert und fragt, ob er das Tier kaufen könne. '*Unverkäuflich*', sagt der Bauer, bestellt noch einen Korn, noch ein Bier, tritt der Sau in den Hintern und der zweite Tausender kommt zum Vorschein. Der Wirt kann es kaum glauben, und der Bauer wiederholt das Spiel zum dritten Mal. Darauf der Wirt: *„Ich gebe Ihnen 10.000 Euro bar für das Tier.*" Zufrieden willigt der Bauer ein, lässt die Sau in der Kneipe und geht heim. Anderntags liest er in der Zeitung die Schlagzeile: ***„Betrunkener Gastwirt tritt Sau tot.***"

Was für eine Geschichte, aber sie lehrt uns doch etwas über ein sehr böses Übel in unserer Ökonomie: Die GIER! Sie ist bereit über Leichen zu gehen, zu tricksen und zu betrügen!

Es ist besser, arm und gerecht zu sein als reich und ungerecht. (Spr 16,8)

In einem Video von attac heißt es: „Von der Geburt bis zur Pubertät verdoppelt ein Hamster jede Woche sein Gewicht. Wenn er nicht aufhören würde zu wachsen, wie das bei Tieren üblich ist, und sein Gewicht immer weiter verdoppeln würde, wäre der Hamster bei seinem ersten Geburtstag neun Milliarden Tonnen schwer! Dieser Hamster könnte das in einem Jahr weltweit produzierte Getreide an einem einzigen Tag aufessen und wäre immer noch hungrig. Es gibt einen Grund, warum die Dinge in der Natur nur bis zu einer bestimmten Größe wachsen. Warum denken die meisten Ökonomen und Politiker, dass die Wirtschaft für immer weiter und weiter und weiter und weiter wachsen kann?“[26]

Der Schuldige ist schnell enttarnt, es ist die Gier! In diesem Kapitel wollen wir uns der Kritik des MEISTERS in unserer Ökonomie stellen.

Der Wert des Menschen

> *„Die Würde des Menschen ist unantastbar. Sie zu achten und zu schützen ist Verpflichtung aller staatlichen Gewalt.“ (Deutsches Grundgesetz Art. 1 Abs. 1)*

Wir brauchen eine Ökonomie, die den Wert eines Menschen nicht ausschließlich anhand seiner Produktivität, sondern auch an seiner Würde an sich bewertet und wertschätzt. Nicht nur unser Grundgesetz, sondern auch die ALLGEMEINE ERKLÄRUNG DER MENSCHENRECHTE garantiert die Würde des Menschen, sie ist unantastbar. Was für ein starkes Wort: „unantastbar“! Unantastbar ist sie schon, die Würde des Menschen, aber sie mit Füßen zu treten scheint überall auf der Welt erlaubt zu sein. **Der Wert eines Menschen ist nicht von**

---

[26] Exponentielles Wachstum - Der unmögliche Hamster URL: http://www.youtube.com/watch?v=pan7QbDK0Do (Stand: 05.01.2012)

seiner Produktivität abhängig, sie ist vielmehr von Gott verliehen und unbezahlbar.

Der MEISTER fordert uns alle dazu auf uns an unsere eigenen Gesetze zu halten. In der Bibel heißt es:

> *So schuf Gott die Menschen nach seinem Bild, nach dem Bild Gottes schuf er sie, als Mann und Frau schuf er sie. (1Mo 1,27)*

Die Würde des Menschen leitet sich für einen Frommen aus der Ebenbildlichkeit des Menschen von Gott ab. Ja, dies geht sogar so weit, dass die Schrift den Menschen fast gottgleich nennt:

> *[...] was ist der Mensch, dass du seiner gedenkst, und des Menschen Kind, dass du dich seiner annimmst? Du hast ihn wenig niedriger gemacht als Gott, mit Ehre und Herrlichkeit hast du ihn gekrönt. (LU; Ps 8,5f)*

Was für eine Aufwertung des menschlichen Lebens! Jeder Mensch ist etwas Besonderes, etwas Wertvolles – egal ob er jung oder alt, krank oder gesund, gebildet oder ungebildet, arm oder reich ist! Er ist in Gottes Ebenbild erschaffen und nur wenig geringer als der Schöpfer selbst! 1776 postulierten die Vereinigten Staaten in ihrer Unabhängigkeitserklärung: *„Wir halten diese Wahrheiten für ausgemacht, dass alle Menschen gleich erschaffen wurden, dass sie von ihrem Schöpfer mit gewissen unveräußerlichen Rechten begabt wurden, worunter Leben, Freiheit und das Streben nach Glückseligkeit sind."*

> *Nun gibt es nicht mehr Juden oder Nichtjuden, Sklaven oder Freie, Männer oder Frauen. Denn ihr seid alle gleich – ihr seid eins in Jesus Christus. (Gal 3,28)*

Alle Menschen sind in den Augen des MEISTERS gleich, sie verdienen die gleiche Würde und Achtung! Der MEISTER selbst war bereit sein Leben für die Menschen zu lassen. Ein zentrales Ereignis für alle Christen! Aber dieses Ereignis geht noch über den Zuspruch von Würde hinaus. In der Schrift heißt es dazu:

> *Denn Gott hat die Welt so sehr geliebt, dass er seinen einzigen Sohn hingab, damit jeder, der an ihn glaubt, nicht verloren geht, sondern das ewige Leben hat. Gott sandte seinen Sohn nicht in die Welt, um sie zu verurteilen, sondern um sie durch seinen Sohn zu retten. (Joh 3,16f)*

Die Maxime – das über alle menschlichen Gesetzbücher hinausgeht – ist LIEBE. Der Mensch ist von Gott geliebt, das krönt seine Würde und müsste ihn in der Tat für alle Zeiten unantastbar und heilig machen. **Alle Frommen die das glauben, MÜSSEN sich selbst als LEBENSSCHÜTZER UND VERTEIDIGER DER MENSCHENWÜRDE ALLER MENSCHEN verstehen.**

… von der Zeugung an.

1964 gab es noch 1,4 Millionen Geburten, heute sind es weniger als die Hälfte, 660.000! Im Vergleich: Es sterben jährlich 852.000 Menschen. Das bedeutet, wir schrumpfen jedes Jahr um 270.000 Einwohner. Ein gesellschaftliches Phänomen, das auch ökonomische Herausforderungen birgt. Alleine aus demografischen Gesichtspunkten brauchen wir, was den Schutz ungeborenen Lebens angeht, ein Umdenken. Der Wert des Menschen, seine Würde, die Heiligkeit des Lebens beginnt nach Meinung des MEISTERS jedenfalls nicht erst ab der Geburt, sondern ab der Zeugung! In den Psalmen heißt es:

Du hast ***alles in mir geschaffen*** *und hast* ***mich im Leib meiner Mutter geformt****. Ich danke dir, dass du mich so herrlich und ausgezeichnet gemacht hast! Wunderbar sind deine Werke, das weiß ich wohl. Du hast zugesehen, wie ich* ***im Verborgenen gestaltet wurde,*** *wie ich* ***gebildet wurde im Dunkel des Mutterleibes. Du hast mich gesehen, bevor ich geboren war. Jeder Tag meines Lebens war in deinem Buch geschrieben****. Jeder Augenblick stand fest, noch bevor der erste Tag begann. Wie kostbar sind deine Gedanken über mich, Gott! Es sind unendlich viele. Wollte ich sie zählen, so sind sie zahlreicher als der Sand! Und wenn ich am Morgen erwache, bin ich immer noch bei dir! (Ps 139,13-18)*

Das Leben beginnt ab der Schaffung des Menschen im Mutterleib. Das immer wiederkehrende Argument, dass es sich hierbei lediglich um einen ungeordneten „Zellklumpen" handeln würde, ist zunächst einmal theologisch nicht haltbar. Auf der anderen Seite würde wohl auch jeder Biologe der Definition zustimmen, dass man vom biologischen Leben ab da spricht, wo sich Zellen teilen. Nach der Reform des Paragrafen 218 im Jahre 1995 sind Abtreibungen insbesondere von behinderten Kindern nicht nur in den ersten drei Monaten, sondern bis zur Geburt erlaubt, sprich: man treibt einen voll ausgebildeten, lebensfähigen Menschen ab, nur weil er z. B. das *Downsyndrom* hat. Nach einem Rechtsgutachten von Klaus Ferdinand Gärditz von der Universität Bonn werden heute neun von zehn Kindern mit *Downsyndrom* abgetrieben.[27] Das kritisiert der

[27] Stanislaus Kossakowski, BR, ARD-Hauptstadtstudio URL: http://www.tagesschau.de/inland/down-syndrom100.html (Stand: 05.07.2012)

MEISTER, in seinen Augen hat jeder Mensch seine Würde und ein Recht auf Leben, egal ob er gesund oder krank ist.

Vielleicht ärgern Sie sich darüber, dass ich es wage, diese alte Debatte um Abtreibung wieder aufzumachen, aber ich habe Sie ja bereits im Vorwort gewarnt, dass Sie sich vielleicht noch über die Kritik des MEISTERS ärgern werden. Für jeden Frommen jedenfalls sollte es klar sein: Jedes Leben ist von der Zeugung an heilig, schützenswert und unantastbar!

Gleichzeitig habe ich allerdings kein Verständnis für beispielsweise terroristische Anschläge von religiösen, militanten Fanatikern auf Abtreibungskliniken, wie sie in der Vergangenheit in den USA vorgekommen sind. Vor allem den Frommen möchte ich hier ins Gewissen reden! Ich behaupte, dass sich niemand ernsthaft über die Tötung eines Menschen im Mutterleib aufregen darf, wenn er nicht gleichzeitig bereit ist der Mutter Antworten und Perspektiven zu zeigen oder das Kind selbst bei sich im Namen des MEISTERS aufzunehmen!

Mutter Teresa – sie würde wohl niemand als militante Fanatikerin bezeichnen – sagte am 10. Dezember 1979 bei der Verleihung des Friedensnobelpreises in Oslo:

[...] Heute, da ich diesen großen Preis erhalte - ich persönlich bin äußerst unwürdig –, bin ich glücklich wegen unserer Armen, glücklich, dass ich die Armen verstehen kann, genau gesagt die Armut unserer Leute. Ich bin dankbar und sehr glücklich, ihn im Namen der Hungrigen, der Nackten, der Heimatlosen, der Krüppel, der Blinden, der Leprakranken zu erhalten. Im Namen all' derer, die sich unerwünscht, ungeliebt, nicht umsorgt fühlen, die aus der Gesellschaft ausgestoßen sind, die eine Last für die Gesellschaft und von jedem ausgeschlossen

sind. Ich nehme den Preis in ihrem Namen an und bin sicher, dieser Preis wird eine neue verstehende Liebe zwischen den Reichen und den Armen bringen. Hierauf bestand Jesus, darum kam er auf die Welt, diese frohe Botschaft den Armen zu bringen. Ich habe eine Überzeugung, die ich Ihnen allen mitteilen möchte: der größte Zerstörer des Friedens ist heute der Schrei des unschuldigen, ungeborenen Kindes. Wenn eine Mutter ihr eigenes Kind in ihrem eigenen Schoß ermorden kann, was für ein schlimmeres Verbrechen gibt es dann noch, als wenn wir uns gegenseitig umbringen. Sogar in der Heiligen Schrift steht: „Selbst wenn die Mutter ihr Kind vergessen könnte, ich vergesse es nicht". Aber heute werden Millionen ungeborener Kinder getötet, und wir sagen nichts. In den Zeitungen lesen wir dieses und jenes, aber niemand spricht von den Millionen von Kleinen, die empfangen wurden mit der gleichen Liebe wie Sie und ich, mit dem Leben Gottes. Und wir sagen nichts, wir sind stumm. Für mich sind die Nationen, die Abtreibung legalisiert haben, die ärmsten Länder. Sie fürchten die Kleinen, sie fürchten das ungeborene Kind. Und das Kind muss sterben, weil sie dies eine Kind nicht mehr haben wollen - nicht ein Kind mehr - und das Kind muss sterben. Und ich bitte Sie hier im Namen der Kleinen: rettet das ungeborene Kind, erkennt die Gegenwart Jesu in ihm! Als Maria Elisabeth besuchte, hüpfte das Kind vor Freude im Schoß der Mutter in dem Augenblick, als Maria ins Haus kam. Das Ungeborene brachte Freude. Daher versprechen wir hier, jedes ungeborene Kind zu retten. Gebt jedem Kind die Gelegenheit, zu lieben und geliebt zu werden. Wir bekämpfen Abtreibung mit Adoption. Mit Gottes Gnade werden wir es schaffen. Gott segnete unsere Arbeit. Wir haben Tausende von Kindern gerettet, sie haben ein Heim gefunden , in dem sie geliebt werden, wo sie erwünscht sind, wohin sie Freude gebracht haben. Deshalb fordere ich Sie heute auf,

Majestäten, Exzellenzen, meine Damen und Herren, Sie alle, die aus vielen Ländern der Erde gekommen sind: Beten Sie, dass wir den Mut haben mögen, das ungeborene Leben zu schützen. Hier in Norwegen haben wir nun die Gelegenheit, dafür einzutreten. Gott segnete Sie mit Wohlstand, aber in vielen Familien hier haben wir vielleicht jemanden, der nicht hungrig ist nach einem Stück Brot, der sich jedoch vergessen oder ungeliebt fühlt, der Liebe braucht. Liebe beginnt zu Hause, dort zuerst. So bete ich für Sie, dass Sie das Gebet in Ihre Familien bringen. Die Frucht des Gebetes wird sein, dass wir glauben, dass wir es für Christus tun. Wenn wir wirklich glauben, werden wir anfangen zu lieben, und wir werden dann natürlich einander lieben, zuerst in unserem eigenen Heim, dann unseren nächsten Nachbarn, dann die Menschen in dem Land, in dem wir leben. Lassen Sie uns alle in das Gebet einstimmen: „Gott, gib uns den Mut, jedes ungeborene Kind zu schützen". Denn das Kind ist das größte Geschenk Gottes für die Familie, für ein Volk und für die Welt. Gott segne Sie!

Neben diesem berührenden Appell sah der Kampf von Mutter Teresa für die Würde und das Recht zum Leben jedes Menschen so ganz anders aus, als ihn viele Fromme hier und da kämpfen. Sie sagte: *„Wenn Sie ein Kind haben, das Sie nicht wollen oder nicht ernähren oder nicht erziehen können, geben Sie es mir."* Auf diese Weise rettete sie vor allem viele Mädchen, die in Indien traditionell nicht so viel Wert sind wie ein Junge. Jeder Mensch, egal ob Junge oder Mädchen, hat das Recht zu leben.

Aber Mütter, die mit dem Gedanken an eine Abtreibung ringen, brauchen vor allem von den frommen Geistern keine verachtenden Blicke und Gift und Galle spuckenden Reden, sondern Perspektiven und Alternativen. Was wäre, wenn wenigstens die Frommen bereit dazu wären, diese Perspektiven und Alternativen zu schaffen? Die Kritik des MEISTERS richtet sich vor allem an seine Nachfolger, schafft Perspektiven und zeigt Alternativen! Seid bereit dazu, selbst ein solches Kind im Namen des MEISTERS aufzunehmen! Und von einer gesellschaftlichen Debatte der Verachtung, Rechthaberei und gegenseitigen Verteufelung zu einer der Liebe und Würde wechseln. Christen sollten vor allem nicht nur für ihre NEINs, sondern für ihre JAs bekannt sein! JA zum Leben, JA zu Alternativen, Ja zur Bereitschaft der Hilfe, Geld und Liebe. Müsste nicht jeder Christ, der Abtreibung ablehnt, konsequenterweise bereit dazu sein, betroffenen Müttern und Eltern zu helfen oder ein solches Kind sogar zu adoptieren?

> *Und wer ein solches Kind in meinem Namen aufnimmt, der nimmt mich auf. (NL; Mt 18,5)*

... bis zum Tod.

> *Unser Leben dauert siebzig Jahre, vielleicht sogar achtzig Jahre[...]. (Ps 90,10)*

Die Heiligkeit und Würde eines Menschen besteht auch im Alter, doch durch späteren Renteneintritt, Rentenkürzungen, Mehrwertsteuererhöhung und Reduzierung sozialer Leistungen haben wir das Leben der Menschen im Alter erheblich schwerer gemacht. In der Bibel heißt es in den Zehn Geboten:

> *Ehre deinen Vater und deine Mutter. Dann wirst du lange in dem Land leben, das der Herr, dein Gott, dir geben wird. (2.Mo 20,12)*

Dieses Gebot ist das einzige der zehn Gebote, dem ein Versprechen Gottes angehängt ist: *Dann wirst du lange leben.*

Sich um die ältere Generation zu kümmern, ein System der Achtung und Würde zu schaffen, dient letztlich auch der eigenen Lebensqualität spätestens im eigenen Alter. *„Einen Menschen lieben heißt einwilligen, mit ihm alt zu werden." (Albert Camus)* Die demografische Entwicklung drängt uns geradezu dazu, neue Finanzierungsmodelle und Strukturen zu entwickeln, um die Würde des Menschen im Alter zu schützen.

Die Zeit drängt: *„Obwohl die Zahl der Alten rasant zunimmt, fehlt es schon jetzt an qualifiziertem Fachpersonal. Obwohl die Kosten für Pflegebedürftige ständig steigen, nimmt die Qualität der Versorgung vielerorts ab."*[28] Deutschland ist bereits im Pflegenotstand angekommen, die Medien überschlagen sich regelmäßig mit Skandalen in Pflegeeinrichtungen. Auf die Frage, ob wir kurz vor dem Pflegekollaps stehen würden, sagte Gerd Peter (Pflegeexperte und langjährige Chef der Münchenstift GmbH):

„Wir sind längst mittendrin – wenn auch mit regional unterschiedlichen Auswirkungen. Die Situation in München ist noch vergleichsweise gut. Das hat auch etwas mit der Kommunalpolitik und Heimaufsicht hier zu tun. Trotzdem können wir auch bei uns den Bedarf mit guten Pflegefach- und Pflegehilfskräften aus München und Bayern nicht mehr decken. Wenn wir aber unser Personal künftig nur noch in anderen Ländern finden können, dann ist am System etwas faul."[29]

---

[28] Zeitungsverlag tz München GmbH & Co.KG; Pflegenotstand: „Der Kollaps ist längst da!" URL: http://www.tz-online.de/specials/zukunft-alter/pflegenotstand-der-kollaps-ist-laengst-da-71503.html (Stand: 2012)

[29] Zeitungsverlag tz München GmbH & Co.KG; Pflegenotstand: „Der Kollaps ist längst da!" URL: http://www.tz-online.de/specials/zukunft-alter/pflegenotstand-der-kollaps-ist-laengst-da-71503.html (Stand: 2012)

Auf die Frage, ob alles nur Einzelfälle seien, antwortet der Experte:

„Mangelernährung, Magensonden, Fixierungen und Wundliegen sind nicht nur das Ergebnis einzelnen Fehlverhaltens, sondern oftmals eine bewusst gewollte Organisation, die dieses geradezu herausfordert. Das darf so nicht weitergehen, und hier muss der Staat aus seiner Zuschauerrolle. Unsere Eltern haben ein Recht auf ein würdevolles Lebensende."[30]

Eine Gesellschaft, die sich nicht um die Schwächsten kümmert, ist eine Gesellschaft, der eines Tages der eigene Verfall droht. Sozialer Zusammenhalt und Gerechtigkeit sind letztlich Bedingung unserer Demokratie und Rechtsordnung. Wollen wir sie schützen, dann müssen wir uns auch der Alten erbarmen. Die Kritik der Bibel legt sogar noch einen nach, wenn sie sagt: *„Verflucht ist jeder, der seinen Vater oder seine Mutter verachtet." (5Mo 27,16)* Sich nicht um die Alten unserer Gesellschaft zu kümmern, ist wie ein Bumerang, der eines Tages – spätestens, wenn wir alt sind – zu uns zurückfliegt und auch unsere Ökonomie vor gewaltige Kosten stellen könnte.

... zur Freiheit bestimmt.

> *Der Herr ist der Geist; wo aber der Geist des Herrn ist, da ist Freiheit. (2.Kor 3,17)*

Sklaverei war im Alten Testament teilweise geduldet, aber streng reglementiert. Ein Sklave war kein Rechtloser und durfte nur maximal sechs Jahre in seinem Stand bleiben. Im sieb-

---

[30] Zeitungsverlag tz München GmbH & Co.KG; Pflegenotstand: „Der Kollaps ist längst da!" URL: http://www.tz-online.de/specials/zukunft-alter/pflegenotstand-der-kollaps-ist-laengst-da-71503.html (Stand: 2012)

ten Jahr (Jubeljahr) musste er unentgeltlich frei gelassen werden (2Mo 21,2). Im Neuen Testament erkennen wir deutliche Worte, die sowohl eine geistliche als auch eine natürliche Sklaverei anprangern.

> *Zur Freiheit hat uns Christus befreit! So steht nun fest und lasst euch nicht wieder das Joch der Knechtschaft auflegen! (Gal 5,1)*

Heutzutage haben wir die Sklaverei Gott sei Dank überwunden, oder? In der *ALLGEMEINEN ERKLÄRUNG DER MENSCHENRECHTE* heißt es:

> *Artikel 3: Jeder hat das Recht auf Leben, Freiheit und Sicherheit der Person.*
>
> *Artikel 4: Niemand darf in Sklaverei oder Leibeigenschaft gehalten werden; Sklaverei und Sklavenhandel in allen ihren Formen sind verboten.*
>
> *Artikel 5: Niemand darf der Folter oder grausamer, unmenschlicher oder erniedrigender Behandlung oder Strafe unterworfen werden.*

Die Wahrheit ist: Noch nie gab es so viele Sklaven in der Menschheitsgeschichte wie heute! Seriöse Forscher schätzten, dass heute **mindestens 27 Millionen Menschen in sklavereiähnlichen Verhältnissen leben**. Die Dunkelziffer dürfte aber wohl erheblich höher liegen. Die Sklaverei von heute heißt Kinderarbeit, Zwangsprostitution, Rekrutierung von Kindersoldaten und wirtschaftliche Ausbeutung.

„Nach UN-Schätzung werden jedes Jahr zwischen 700.000 und vier Millionen Menschen weltweit in die Prostitution, die

Zwangsarbeit oder andere Formen sklavereiähnlicher Abhängigkeit verkauft. Zu den wichtigsten Abnehmerländern gehören Australien, Brasilien, Frankreich, Großbritannien, Indien, Israel, Japan, die Niederlande, Nigeria, Saudi-Arabien, die Vereinigten Staaten und die Vereinigten Arabischen Emirate."[31]

Der MEISTER selbst droht einer Welt, die dieses Elend unwidersprochen zulässt, mit dem Gericht *[...], weil sie die Unschuldigen für Geld und die Armen für ein Paar Schuhe verkaufen. (LU; Am 2,6)* Bereits unser Konsumverhalten finanziert einen Teil des Sklavenhandels. Wieso lassen wir es zu, dass Sklaven unser Schuhe, T-Shirts und Jeans etc. produzieren, wenn doch der MEISTER selbst seinen Dienst so beschreibt:

> *Der Geist des Herrn ist auf mir, weil er mich gesalbt hat, zu verkündigen das Evangelium den Armen; er hat mich gesandt, **zu predigen den Gefangenen, dass sie frei sein sollen**, und den Blinden, dass sie sehen sollen, und **den Zerschlagenen, dass sie frei und ledig sein sollen** [...]. (Lk 4,18)*

Für einen Christusnacheiferer – allgemein auch Christ genannt – gilt dieselbe Aufgabenbeschreibung! Die fromme Welt scheint mir oft viel zu sehr beschäftigt mit ihren so eigenen Wichtigkeiten, dass sie die wirklich zum Himmel schreienden Aufgaben übersieht! Am liebsten würde ich diesen Satz in jede frommes Ohr schreien: „Befreit die Gefangenen, die Zerschlagenen, und gebt ihnen ihr Leben im Namen des MEISTERS zurück!"

---

[31] Simone Schlindwein; Zeitungsverlag tz München GmbH & Co.KG; Sarah hat noch Angst. Als Sexsklavin nach Asien verschleppt; http://taz.de/Als-Sexsklavin-nach-Asien-verschleppt/!89100/ (Stand: 6.3.2012)

Der renommierte Sklaverei-Forscher Kevin Bales schreibt:

„In der Vergangenheit bedeutete Sklavenhaltung, dass eine Person eine andere rechtmäßig besaß; in der modernen Sklaverei ist dies nicht der Fall. Heute ist Sklaverei weltweit verboten, daher ist es nicht mehr möglich, Menschen legal zu besitzen. Kauft jemand heutzutage Sklaven, verlangt er keine Quittung oder Eigentumsurkunde, sondern erwirbt die Verfügungsmacht über einen anderen und setzt Gewalt ein, um diese aufrechtzuerhalten. Sklavenhalter genießen alle Vorteile der Inhaberschaft, ohne gesetzlich dazu berechtigt zu sein. In Wirklichkeit ist es für Sklavenhalter sogar von Vorteil, nicht rechtmäßige Besitzer zu sein, da sie so die Sklaven völlig ihrer Kontrolle unterwerfen können, ohne eine wie auch immer geartete Verantwortung für sie zu übernehmen. Daher ziehe ich die Bezeichnung Sklavenhalter dem Begriff Sklavenbesitzer vor[...]. Im Jahr 1850 konnte man einen gesunden Mann für umgerechnet 30.000 bis 40.000 Dollar kaufen. Und auch wenn ich das Verbrechen der Sklaverei im 19. Jahrhundert nicht verharmlosen will, würde ich daraus schließen: Damals betrachteten die Halter ihre Sklaven als wertvolle Investition. Heute werden sie wie Wegwerfware behandelt. Im Jahr 2005 hätte ich in Haiti, drei Flugstunden von New York entfernt, ein kleines Mädchen für etwa 50 Dollar kaufen können. Sie wurde mir explizit für häusliche und sexuelle Dienste angeboten."[32]

„Das Bundeskriminalamt hat festgestellt, dass Deutschland die europäische Drehscheibe für Menschenhandel ist [...]. Ich bin

---

[32] Gregor Delvaux de Fenffe; Planet Wissen; Sklaverei; URL: http://www.planet-wissen.de/politik_geschichte/menschenrechte/sklaverei/index.jsp (Stand: 26.01.2012)

für eine gesellschaftliche Ächtung der Tatsache, dass es Verhältnisse gibt, wo Männer glauben, Frauen kaufen zu können“ (Alice Schwarzer im Focus Interview März 2012)[33]

Mit der in Deutschland 2002 komplett legalisierten Prostitution haben auch wir dem Menschenhandel Tor und Tür geöffnet. *„[...] Damit ist das rotgrüne Prostitutionsgesetz – eines der liberalsten Prostitutionsgesetze der Welt – in der Praxis gescheitert. Eingeführt wurde es im Jahr 2002 eigentlich, um die Huren zu stärken: Neben der Tätigkeit als selbstständige Prostituierte wurde nun auch das Betreiben von Bordellen erlaubt. Prostituierte sollten Arbeitsverträge bekommen, sich Sozial- und Krankenversichern können. Die Kriminalität sollte dadurch verringert werden. Doch bei einer Untersuchung hat die Bundesregierung bereits 2007 festgestellt, dass das Gesetz seine Ziele nicht erreicht hat. Nicht einmal ein Prozent aller Huren hat danach einen Arbeitsvertrag, eine Krankenversicherung als Prostituierte haben die wenigsten. Dennoch hat das zuständige Familienministerium bis heute nichts an dem Gesetz geändert.“*[34]

Klaus Bayerl, Chef der Augsburger Kriminalpolizei, sagt resigniert: „Deutschland ist zum Eldorado für Zuhälter und Bordellbetreiber geworden. Laut Gesetz dürfen sie den Frauen sogar Anweisungen erteilen, und wir als Polizei können nur zuschauen. Die Ausbeutung der Frauen geht also immer weiter." Ein

[33] FOCUS online; Prostitution in „hochkriminellem Millieu“; URL: http://www.focus.de/politik/deutschland/ein-hochkriminelles-milieu-alice-schwarzer-will-zuhaelter-drastisch-bestrafen_aid_723849.html (Stand: 14.03.2012)

[34] Das Erste.de; EU-Studie: Mehr Menschenhandel durch liberals Prostitutionsgesetz; URL: http://daserste.ndr.de/panorama/aktuell/prostitution131.html (Stand: 7.2012)

gut gemeintes Gesetz, aber leider mit fatalen Folgen: *„In Deutschland, wo Prostitution legal ist, ist der Markt 60-mal größer als in Schweden, wo Prostitution verboten ist. Gleichzeitig hat Deutschland rund 62-mal so viele Opfer von Menschenhandel wie Schweden, obwohl die Bevölkerung weniger als zehn mal so groß ist [...]."* Prof. Dr. Axel Dreher (Universität Heidelberg)[35]

Auch wenn es den persönlichen Moralvorstellungen von Frommen widerspricht, sollte klar sein, dass der Wunsch einer Frau, die sich freiwillig prostituieren möchte, zu respektieren ist. Aber davon abgesehen darf nicht weggeschaut werden. So gesehen braucht Prostitution nicht weniger, sondern mehr Öffentlichkeit durch staatliche Kontrollen und strengere Regeln! Christus selbst hatte mit Prostituierten zu tun, nein nicht als Freier, aber als ihr Befreier! Fromme Sympathisanten des MEISTERS sollten ihre frommen Berührungsängste ablegen, sich erbarmen und ihrem Vorbild auch in diesen Dingen nacheifern. Umso mehr freue ich mich z. B. über die Arbeit meines Freundes Pastor Uwe Schäfer – der auch einen Gastbeitrag in diesem Buch geschrieben hat. Sein Verein SchlussStrich e.V. setzt sich vorbildlich für die Bekämpfung von sexueller Ausbeutung von Kindern sowie Handel mit Kindern ein[36]–, oder die Arbeit von meiner Kollegin Pastorin Gaby Wentland mit MISSION FREEDOM e.V[37]., einem Verein, der sich gegen den Menschenhandel starkmacht.

---

[35] Das Erste.de; EU-Studie: Mehr Menschenhandel durch liberales Prostitutionsgesetz; URL: http://daserste.ndr.de/panorama/aktuell/prostitution131.html (Stand: 7.2012)

[36] http://www.schlussstrich-ev.de SchlussStrich e.V.

[37] http://mission-freedom.de/

32 Milliarden Dollar werden weltweit pro Jahr von Menschenhändlern umgesetzt. Sklavenhandel ist keine Randerscheinung, ganze Industriezweige bauen teilweise auf ihr auf: Sexindustrie, Textilindustrie oder in der Landwirtschaft z. B. als Erntearbeiter. Gert Scobel schreibt in einer Kolumne:

„Moderne Sklaverei trifft in erster Linie Kinder und die Ware Frau. Hier in Europa nimmt der Kinderhandel erschreckend zu. Von 1300 Minderjährigen, die 2008 über die italienische Insel Lampedusa einzuwandern versuchten, verschwanden 400 Kinder spurlos. Sklave zu sein, bedeutet rechtlos zu sein. Ein Mensch oder eine Organisation eignet sich einen anderen Menschen, den Sklaven, restlos an und verwandelt ihn oder sie in eine Ware. Wer zur Ware wird, hat meist Angst sich zu wehren, denn die meisten Betroffenen sind illegal im Land. Seit 2005 fällt in Deutschland nicht nur die sexuelle Ausbeutung, sondern auch die Ausbeutung der Arbeitskraft unter den Straftatbestand des Menschenhandels. Klingt gut. Trotzdem konsumieren wir täglich Dienstleistungen und Produkte, die möglichst preiswert und billig sind. So billig, dass diese Produkte herzustellen nur möglich ist, wenn Menschen unter Bedingungen arbeiten, die wir niemals akzeptieren würden.“[38]

Wenn es wahr ist, dass der MEISTER einst selbst auf diese Erde kam, um Menschen zu befreien, und Christen sich bereits als geistlich befreit glücklich preisen können, wie kann es da angehen, dass dieselben Frommen nicht entschieden gegen jede Ausbeutung und Versklavung von Menschen in ihrem eigenen Land und dem Rest der Welt eintreten? Eine Ökonomie, die

---

[38]G. Scobel; 3Sat; Moderne Sklaverei hat viele Gesichter; URL: http://www.3sat.de/page/?source=/scobel/156728/index.html (Stand: 09.2011)

auch auf Sklaverei gegründet ist, ist abzulehnen und entschieden zu bekämpfen!

Tipp. Überprüfen Sie doch einmal selbst wie viele Sklaven für Ihren persönlichen Wohlstand täglich arbeiten http://slaveryfootprint.org

Der Wert der Arbeit

Arbeit ist Lebensqualität! Viele Menschen verstehen unter paradiesischen Zuständen vor allem in der Sonne faulenzen, aber in der Bibel wird das eigentliche Paradies anders beschrieben. Gott gab den Menschen von Anfang an den Auftrag sich um den Garten zu kümmern, die Tiere zu erforschen und zu benennen – sprich zu arbeiten! Arbeit ist etwas, das Gott gewollt hat und das segensreich sein sollte. Aber Egoismen und Unbelehrbarkeit drehten alle Dinge – auch den Segen der Arbeitswelt – auf den Kopf. Eine Konsequenz, die Gott aufgrund dieser Ereignisse verkündigte, war:

> *Und zu Adam sprach er: »Weil du […], soll der Ackerboden deinetwegen verflucht sein. Dein ganzes Leben lang wirst du dich abmühen, um dich davon zu ernähren. Dornen und Disteln werden auf ihm wachsen, doch du musst dich vom Gewächs des Feldes ernähren. Dein ganzes Leben lang wirst du im Schweiße deines Angesichts arbeiten müssen, um dich zu ernähren […].« (1Mo 3,17-19)*

Trotz dieser Veränderung und der Erfahrung des Menschen, für sich selber sorgen zu müssen, blieb die Arbeit an sich ein Geschenk Gottes (nicht die Arbeit, sondern der Ackerboden wurden verflucht). Arbeit bedeutet Schaffen und Gestalten, der Drang dazu steckt in allen Menschen und ist ein großes Glück und Segen.

> *Denn es ist ein Geschenk Gottes, wenn jemand isst und trinkt und sich über die Früchte seiner Arbeit freuen kann. (Pred 3,13)*

Arbeit dient demnach der Versorgung und der Lebensqualität, und dem Genuss an sich. Aber von Anfang an machte Gott deutlich, dass der Mensch nicht nur für die Arbeit da sein darf. Eine Überdosierung von Arbeit macht den Menschen ähnlich krank wie eine Unterversorgung. Daher verordnete Gott allen Menschen, mindestens einmal die Woche von aller Arbeit zu ruhen und das Leben, die Schöpfung zu, genießen.

> *[...] der siebte Tag aber ist ein Ruhetag für den Herrn, deinen Gott. An diesem Tag darf kein Angehöriger deines Hauses irgendeine Arbeit erledigen [...]. (2.Mo 20,10)*

Aber nicht nur der Mensch, auch seine Lasttiere, Maschinen und Sklaven sollen ruhen:

> *Sechs Tage sollt ihr arbeiten. Aber am siebten Tag sollt ihr ruhen, damit euer Rind und euer Esel die Möglichkeit haben auszuruhen und auch der Sohn eurer Sklavin sowie der Ausländer sich erholen können. (2.Mo 23,12)*

In Israel hatte jede Familie ursprünglich ein Stück Land zum eigenen Bewirtschaften zugewiesen bekommen, das sicherte jedem ein Grundeinkommen. Dieses Grundeinkommen versprach Versorgung und Glück:

> *Du wirst die Frucht deiner Arbeit genießen. Du wirst glücklich sein und es wird dir gut gehen! (Ps 128,2)*

Ein erstaunliches System, oder? Jeder Stamm und jede Familie wurde an den Ressourcen des Landes gleichberechtigt beteiligt. Weil jeder in Israel ein Stück Land zugewiesen bekommen hatte, galt:

Wer hart arbeitet, hat genug zu essen; nur dumme Menschen vertun ihre Zeit. (Spr 12,9)

Armut und Hunger war in diesem System oft auf eigene Misswirtschaft zurückzuführen. Von dieser Logik kann heute in großen Teilen keine Rede mehr sein! Die Ressourcen eines Landes werden von einer kleinen Elite ausgebeutet. Länder wie Eritrea sind ein erschreckendes Beispiel dafür: Das Land hat einen enorm fruchtbaren Boden und exportiert jährlich gewaltige Mengen an Getreide in die ganze Welt, aber die eigene Bevölkerung hungert, enteignet und entrechtet. Aber wir brauchen nicht so weit zu gehen, sondern sollten vor unserer eigene Haustüre kehren: Die Studie „Global Wealth", die jährlich von der Unternehmensberatung Boston Consulting Group (BCG) durchgeführt wird, brachte unter anderem zutage, dass Deutschland im Jahr 2010 Finanzvermögen von insgesamt 5,2 Billionen Euro besaß und damit weltweit auf Platz 2 hinter den USA steht. Selbst in dem als Reichenland schlechthin dargestellten Saudi-Arabien gab es absolut gesehen weniger Superreiche als in Deutschland. „Deutschland wird reicher. Das Geldvermögen hat im ersten Quartal 2011 mit 4,825 Billionen Euro einen neuen Höchstwert erreicht", so berichtet das Hamburger Abendblatt und bezieht sich auf die neuesten Zahlen der Deutschen Bundesbank. In Deutschland besitzen die oberen 10 % ganze 61 % des Vermögens. Die oberen 50 % besitzen 99,9 % und die unteren 50 % besitzen nur 0.1 % des Vermögens! Mit dieser Verteilung der Ressourcen stimmt diese Verheißung der Bibel nicht mehr: *Wer hart arbeitet, hat genug zu essen*.

Ein Großteil unseres angesammelten Reichtums ist auf dem Rücken vieler schlecht bezahlter Arbeitskräfte im In- und Ausland erwirtschaftet. Durch Subventionen und eine gezielte Steuerpolitik erreichen wir eine maximale Ausbeutung ausländischer Bodenschätze. Ausbeutung ist Diebstahl, all den Dieben in unserem System sagt der MEISTER:

> *Wer ein Dieb ist, soll aufhören zu stehlen. Er soll seine Hände zu ehrlicher Arbeit gebrauchen und dann anderen, die in Not sind, großzügig geben. (Eph 4,28)*

Ehrliche, fleißige Arbeit ist ein Ideal der Bibel, dem in einem gerechten System Versorgung und Glück verheißen ist. Neben der Ausbeutung kann aber selbstverständlich auch die Faulheit – sprich Arbeitsverweigerung – zu großem Elend führen. Dazu sagt die Bibel:

> *Nimm dir ein Beispiel an der Ameise, du Faulpelz. Lerne von ihr und werde weise! Obwohl sie keinen Anführer, Aufseher oder Herrscher hat, arbeitet sie trotzdem den ganzen Sommer über und sammelt Nahrung für den Winter. Aber du Faulpelz, wie lange willst du noch schlafen? Wann wachst du endlich auf? Wenn du noch ein wenig länger schläfst – da ein kleines Nickerchen und dort eine kurze Ruhepause –, dann wird die Armut dich überfallen wie ein Wegelagerer und die Not über dich hereinbrechen wie ein bewaffneter Räuber. (Spr 6,6-11)*

Faulheit kann ein Grund für Armut sein; selbst in einem Wirtschaftssystem, in dem sämtliche Ressourcen gerecht im Volk aufgeteilt worden sind, kann dieser Charakterzug dem System das Genick brechen. Auch im Neuen Testament heißt es daher:

Denn auch als wir noch bei euch waren, haben wir euch erklärt: Wer nicht arbeitet, soll auch nicht essen. (2.Thess 3,10)

Dieser Vers ist einer der Verse, die oft für einen unbarmherzigen Umgang mit Armen missbraucht werden! Vielen mag hier in alter Stammtischmanier der faule Hartz-IVer einfallen. Bis hin in die Umgangssprache ist dieses Stigma, Hartz-IVer sind *faule Säcke,* mit dem Wort „hartzten" (faulenzen) eingeflossen. Aber was ist eigentlich mit dem faulen Beamten, der seinen Sitz wärmt und einfach nur älter wird, um so in der Besoldungsstufe aufzusteigen; dem faulen Chef, der seine Leiharbeiter für sich schuften lässt, nicht bereit ist sich die Finger schmutzig zu machen, andere schwere Lasten tragen lässt und diese noch mit der Bemerkung verhöhnt, dass er ja schließlich die Verantwortung tragen würde; dem faulen Erben, der keinerlei produktiver Arbeit nachgeht, sondern stattdessen sein Vermögen dekadent und arrogant verprasst; dem faulen Aufsichtsratsvorsitzenden, der sich seinen vielleicht prominenten Namen gut bezahlen lässt, aber darüber hinaus keinen Finger wirklich krumm machen muss, um über die Runden zu kommen; dem faulen Anwalt, dem die Bezahlung wichtiger ist als das Schicksal seiner Mandanten? Was ist mit dem faulen Pfarrer, dem seine Schäfchen total egal sind, der faule Politiker etc.?

Über diese Menschen regt sich die Gesellschaft – abgesehen von den Politikern – kaum auf. Sind diese wirklich viel besser als die drei Kinder alleinerziehende Mutter; der aus einer schwierigen Familie kommenden Ungelernten; der Migrant, der die Schule abgebrochen hatte, weil er im Unterricht eh nichts richtig mitbekommen hatte, da er von seinem Elternhaus her fast keine Deutschkenntnisse mitbekommen hat und jetzt auf Hartz-IV ist, oder was ist mit dem, der sich mit zwei Jobs bei 50 Stunden die Woche über Wasser hält, aber trotzdem aufstocken muss? Im Übrigen ist es so, dass 1,383 Millionen Menschen, die Hartz-IV beziehen, arbeiten, aber sogenannte „Aufstocker" sind – sprich ihr Einkommen reicht nicht zur Existenzsicherung![39]

Verstehen Sie mich nicht falsch, als Pastor kenne ich solche und solche Menschen, die von Hartz-IV leben. Mancher von ihnen müsste tatsächlich einmal den „Hintern hoch nehmen", aber als Seelsorger weiß ich: wie soll das gehen, wenn der Mann/ die Frau gar „kein Rückgrat" mehr hat? Jahrzehnte – teilweise sogar schon seit dem Elternhaus – haben einige nichts anderes kennengelernt, haben sich selbst als der letzte Dreck empfunden und dies auch oft genug von anderen genau so gesagt bekommen. Sozialarbeiter und Psychologen wissen, wie sehr die Erfahrung nicht gebraucht und nicht gewollt zu werden, einen Menschen zerstören kann; und wie schwierig und langwierig es da ist, solche Menschen wieder aufzubauen und für den Arbeitsmarkt fit zu machen. Da sind – auch von frommer Seite – vorschnelle Sprüche wie: *Lieg uns nicht auf der Tasche, schämen würde ich mich, niemals will ich von Hartz-IV leben, faules Stück etc.* wenig hilfreich! Ich wiederhole mich gerne, natürlich gibt es auch Menschen, die dieses System ganz kalkuliert ausnutzen, aber bevor wir mit unserem Schubladendenken und Talkshow-Argumenten auf Menschen einschlagen, sollten wir auch dazu bereit sein, einen zweiten

---

[39] GEGEN-HARTZ; Immer mehr Hartz IV Aufstocker; URL: http://www.gegen-hartz.de/nachrichtenueberhartziv/immer-mehr-hartz-iv-aufstocker-389343.php (Stand: 13.05.2011)

Blick zu wagen und einmal genauer hin- oder besser zuzuhören, sonst versündigen wir uns schwer, denn zwischen faul sein und zerbrochen sein gibt es einen gewaltigen Unterschied! Jeden, der das nur schwer nachvollziehen kann, fordere ich dazu auf, einmal eine sehr günstige kleine Bildungserfahrung zu machen und bei der nächsten Fastenzeit anstelle auf Alkohol oder Süßigkeiten zu verzichten, einmal vier Wochen lang vom Hartz-IV-Regelsatz zu leben. Armut ist nicht mit Faulheit gleichzusetzen!

Arbeit ist ein Segen, der die Versorgung und das positive Lebensgefühl sichern soll. Jede Arbeit soll nach dem Willen des MEISTERS stets gut bezahlt sein! Fielmann – Europas größter Optiker – hat sich Ende 2011 bei seinen Beschäftigten mit einer deutlichen Gehaltserhöhung für ihre gute Arbeit bedankt. Beifall von unserem System bekam er dafür nicht. Im Gegenteil. Analysten und Händler an unseren Aktienmärkten kritisierten die gestiegenen Personalkosten: Der Aktienkurs fiel um knapp sieben Prozent!

Gut bezahlte Arbeit wird in unserem antigöttlichen System nicht wertgeschätzt, im Gegenteil. Hungerlöhne oder besser Massenentlassungen sind uns allen lieber. Unser System baut sich große Finanzpaläste auf dem Rücken geprellter und ausgebeuteter Arbeiter:

> *Es soll dem schlimm ergehen, der einen Palast baut mit schönen Obergemächern. Aber das Haus ist auf Ungerechtigkeit gebaut und auf Unrecht gegründet. Die Arbeiter werden ausgebeutet, indem sie gezwungen werden, unentgeltlich zu arbeiten, oder weil man ihnen nicht den vereinbarten Lohn zahlt. (Jer 22,13)*

Stichwort „Mini-Job“: Die Discounterkette Netto zeigt, wie sehr unser System ursprünglich gute Ideen pervertieren kann. Rund 30.000 Mini-Jobber sind hier beschäftigt, sprich die Hälfte aller Beschäftigten – alles angebliche „Aushilfen". Eine Ersparnis, die sich für das Unternehmen lohnt, denn ein Minijobber bekommt nur den Lohn von 7,50 Euro, während andere Beschäftigte mindestens 9,00 Euro bekommen – damit spart das Unternehmen auf Kosten der Mitarbeiter (laut Verdi) 40 Millionen Euro.[40] Ursprünglich waren die sogenannten Minijobs oder 400-Euro Jobs dabei als „Sprungbrett in den Arbeitsmarkt" 2003 eingeführt. Das scheint allerdings gründlich danebengegangen zu sein! Rund siebeneinhalb Millionen Menschen in Deutschland arbeiten in diesem „Einstig zum Arbeitsmarkt“. Doch auf perverseste Art und Weise nutzen oft viele Unternehmen diese Verhältnisse aus, um Sozialausgaben zu sparen und Löhne zu drücken. Annelie Buntenbach (DGB-Vorstandsmitglied) sagt in einem ARD Interview: „Um eben billiger – auch an Tarifverträgen vorbei – mit angeblichen Aushilfen reguläre Beschäftigung zu machen. Damit entgehen den Beschäftigten Löhne und die Sozialversicherung."[41] Der Spiegel rechnete vor, dass Deutschland in den letzten zehn Jahren 1,4 Millionen Vollzeitjobs verloren bzw. diese in Teilzeit- oder Minijobs umgewandelt hat:

Immer mehr Teilzeitjobs, immer weniger Vollzeitstellen: Der deutsche Arbeitsmarkt driftet stark auseinander. Allein von

---

[40] Christoph Käppeler; Tagesschau.de; DGB will 400-Euro-Jobs abschaffen; URL: http://www.tagesschau.de/wirtschaft/minijobs100.html (Stand: 15.03.2012)

[41] Christoph Käppeler; Tagesschau.de; DGB will 400-Euro-Jobs abschaffen; URL: http://www.tagesschau.de/wirtschaft/minijobs100.html (Stand: 15.03.2012)

Juni 1999 bis Juni 2008 nahm die Zahl der Vollzeitbeschäftigten um sechs Prozent auf 22,4 Millionen Menschen ab. Konkret heißt das: In Deutschland gibt es 1,4 Millionen Vollzeitstellen weniger als vor zehn Jahren [...]. Die Zeitung beruft sich auf eine Antwort der Bundesregierung auf eine Anfrage der Linkspartei. Im gleichen Zeitraum wuchs dagegen die Zahl der Teilzeitbeschäftigten um 1,3 Millionen auf fünf Millionen. Dies entspricht einem Plus von 36 Prozent. Auf dem Vormarsch sind auch Minijobs, deren Zahl allein in den vergangenen sechs Jahren um 29 Prozent auf über sieben Millionen hochschnellte.[42]

Eine große deutsche Gewerkschaft klagt daher zu Recht an: *„Etwa sieben Millionen der rund 41 Millionen Erwerbstätigen sind Minijobber. Eine Million sind Leiharbeitnehmer. Der immer größer werdende Niedriglohnsektor führt dazu, dass auch die durchschnittlichen Einkommen sinken. Im Bundesdurchschnitt über alle Branchen und Berufe hinweg gingen die durchschnittlichen Monatseinkommen real in den letzten zehn Jahren um 93 Euro zurück. Das hat das Deutsche Institut für Wirtschaftsforschung (DIW) ausgerechnet. Dass das so ist, liegt vor allem an der Zunahme prekärer Beschäftigung [...]. Nicht wenige Unternehmen setzen Stammbeschäftigte vor die Tür und stellen sie als Leiharbeitnehmer wieder ein. „Noch eindeutigere Belege kann es nicht geben: Wir brauchen eine neue Ordnung am Arbeitsmarkt", fordert Berthold Huber, Erster Vorsitzender der IG Metall [...]. Ein Beispiel für die Ungleichheit: In Nordrhein-Westfalen bekommt ein Leiharbeit-*

[42] SPIEGEL online; Zehn-Jahres-Vergleich; URL: http://www.spiegel.de/wirtschaft/soziales/zehn-jahres-vergleich-deutschland-hat-1-4-millionen-vollzeitjobs-verloren-a-667381.html (Stand: 16.12.2009)

nehmer, der in der Metall- und Elektroindustrie eingesetzt ist und über eine zweijährige Ausbildung verfügt, nach dem BZA/DGB-Tarif einen Stundenlohn von 9,84 Euro. Ein Festangestellter mit vergleichbaren Aufgaben verdient nach Tarif 14,45 Euro in der Stunde. Somit bekommt der ausgebildete Leiharbeiter etwa 32 Prozent weniger als sein festangestellter Kollege. Noch größer sind die Unterschiede bei ungelernten Beschäftigten: Hier liegt der Stundenlohn in der Metall- und Elektrobranche NRW tariflich bei 7,79 Euro. Ein Festangestellter erhält hingegen für Tätigkeiten, die keine oder nur eine kurze Anlernzeit erfordern, einen Stundenlohn von 12,91 Euro. Das ist eine Differenz von 40 Prozent. „Wenn wir nicht wollen, dass Arbeit als wertvollster Rohstoff Deutschlands zur Ramschware verkommt, muss das Prinzip, 'Gleicher Lohn für gleiche Arbeit' endlich umgesetzt werden. Wir brauchen eine faire Ordnung am Arbeitsmarkt. Das erreichen wir mit wirkungsvollen Gesetzen und Tarifregelungen", begründet Berthold Huber die Forderung der IG Metall nach Equal Pay bei der Leiharbeit.“ [43]

Neben der Leiharbeit gibt es ein weiteres perverses Instrument mancher Arbeitgeber, das die Kritik des MEISTERS auf sich zieht: Mit Werkverträgen kaufen sie nicht mehr Arbeitskräfte, sondern Dienstleistungen ein. Diese werden dann als Sachausgaben verbucht und entsprechend schlecht bezahlt. Sprich: man bezahlt jemanden nicht nach Arbeitszeit, sondern nach Leistung, z. B. Regale einräumen, Vormontage einer Wagenarmatur etc.

---

[43] IG Metall; Prekäre Arbeit; URL:
http://www.igmetall.de/cps/rde/xchg/internet/style.xsl/prekaere-arbeit-9052.htm
(Stand: 16.11.2011)

„Diese wird dann von externen Dienstleistungsfirmen erledigt. Sie zahlen auch den Lohn für die Arbeiter – und müssen sich nicht an den Gehältern des Unternehmens orientieren. Unter Umständen werden dort dann dieselben Arbeiter wie vorher eingesetzt, nur zu deutlich schlechteren Konditionen: weniger Lohn, kein Kündigungsschutz, keine Informationspflicht des Unternehmens. Der Betriebsrat ist außen vor [...]. Wie viele Arbeitnehmer diese neue Form von Beschäftigung betrifft, ist noch unklar. Da die eingekauften Werke als Sachausgaben und nicht als Personalausgaben verbucht werden, werden auch keine Zahlen über diese Beschäftigungsverhältnisse erhoben. Die IG Metall befürchtet jedoch, dass die Zahl solcher Verträge deutlich zugenommen hat. Eine Befragung von 5000 Unternehmen ergab, dass etwa ein Drittel Werkverträge für Arbeiten einsetzt, die nicht zwingend durch externe Anbieter vollzogen werden müssen [...].“[44]

Einen ungerechten Lohn zu zahlen – und dass der eine, bei gleicher Qualifikation, für die gleiche Arbeit zwischen 32 und 40 % weniger bekommt als der andere ist ungerecht – bedeutet, sich eindeutig gegen die Gebote Gottes zu stellen und eines Tages dem Gericht zu verfallen:

> *Und ich werde kommen, um euch zu richten. Ich werde als Zeuge gegen die [...] auftreten und gegen diejenigen, die Arbeiter um ihren Lohn bringen und die Witwen, Waisen und Ausländer unterdrücken, denn sie haben*

---

[44] Natascha Tschernoster; Tagesschau.de; Neues Billig-Lohn-Modell dank Werkverträgen; URL: http://www.tagesschau.de/inland/werkvertraege100.html (Stand: 29.02.2012)

keinen Respekt vor mir, spricht der allmächtige Herr. (Mal 3,5)

Die Frankfurter Allgemeine rechnet vor, dass eine Vollzeitstelle, die brutto weniger als 1200 Euro (Alleinstehende) oder 2050 Euro (Alleinverdiener mit zwei Kindern) bringt, sich für viele Arbeitslose zumindest finanziell gar nicht lohnt.[45] Die Forderung des MEISTERS, einen gerechten Lohn zu zahlen, gilt auch für kirchliche Berufe! Das Hungerlöhne hier und da in kirchlichen Einrichtungen mit dem Kirchenrecht geschützt sind und ihnen darüber hinaus sogar das Streikrecht verwehrt wird, ist ein Skandal! Der MEISTER fordert eindeutig dazu auf, kirchliche Tätigkeiten vernünftig zu bezahlen:

Älteste, die leitend in der Gemeinde tätig sind und ihren Dienst gut versehen, haben doppelten Lohn verdient [...]. In den Heiligen Schriften heißt es: »Einem Rind, das zum Dreschen eingespannt wird, darfst du das Maul nicht zubinden.« Es heißt auch: »Wer arbeitet, hat ein Anrecht auf seinen Lohn.« (GNB; 1.Tim 5,17f)

Arbeit sollte laut dem Urteil des MEISTERS einen Menschen nicht entwürdigen, sondern ihm im Gegenteil Glück und Versorgung garantieren. Ein System, in dem die Ressourcen allen Menschen zur Verfügung stehen und gerecht verteilt sind, ist die Grundvoraussetzung für eine menschenwürdige Arbeit für alle Menschen.

---

[45] Nico Fickinger; Frankfurter Allgemeine Zeitung; Hartz-IV-Aufstocker_Vollzeitstelle lohnt erst ab 2050 Euro; URL: http://www.faz.net/aktuell/wirtschaft/wirtschaftspolitik/hartz-iv-aufstocker-vollzeitstelle-lohnt-erst-ab-2050-euro-1515816.html (Stand: 10.01.2008)

Soll ein Mindestlohn her?

Soll die Würde der Arbeit durch einen Mindestlohn sichergestellt werden? Mancher schiebt derartige Forderungen allzu schnell in eine politisch linke Ecke. Kampfbegriffe wie sozialistisch/kommunistische Forderungen werden ausgepackt. Tatsächlich hat Karl Marx eine Definition des Mindestlohnes gegen, die bis heute in der Diskussion Gültigkeit hat. *„Die [...] Mindestgrenze des Werts der Arbeitskraft wird gebildet durch den Wert einer Warenmasse, ohne deren tägliche Zufuhr der Träger der Arbeitskraft, der Mensch, seinen Lebensprozeß nicht erneuern kann, also durch den Wert der physisch unentbehrlichen Lebensmittel.“* [46]

Nichts anderes forderte Margot Käßmann in der PHOENIX-Sendung IM DIALOG[47]: „Ein Lohn für einen Menschen, der heute in der Bundesrepublik Deutschland arbeitet, muss so aussehen, dass ein Arbeiter nicht auf Zusatzleistungen anderer Art angewiesen ist. Das ist keine parteipolitische Stellungnahme, sondern eine Stellungnahme aus christlicher Perspektive." Als dann zahlreiche Medien ihre Worte mit „Mindestlohn ist christlich“ zusammenfassten, war bei vielen das Geschrei groß. So etwas könnte man nicht ohne weiteres behaupten. Dem stimme ich zu, es bedarf einer theologischen Untermauerung dieser Behauptung. Wie ich bereits belegt habe, spricht sich die Bibel an vielen Stellen für einen gerechten und guten Lohn aus. Von daher sollte jeder Christ zunächst einmal den Satz unterschreiben können müssen, dass ein gerechter, guter

---

[46] Karl Marx; Das Kapital. Kritik der politischen Ökonomie. Dietz, Berlin; Auflage: 37. (Februar 2008)

[47] Ausstrahlung am Freitag, 4. Mai 2012, 24.00 Uhr

Lohn dem christlichen Geist entspricht und im Umkehrschluss ein Ungerechter, schlechter Lohn unchristlich sei. Wir wollen den MEISTER, Christus selbst, einmal zu Wort kommen lassen:

> *Denn das Himmelreich ist vergleichbar mit dem Besitzer eines großen Gutes, der früh am Morgen hinausging, um Arbeiter für seinen Weinberg einzustellen. Er vereinbarte mit ihnen den üblichen Tagelohn und schickte sie an die Arbeit. Um neun Uhr morgens ging er über den Marktplatz und sah einige Leute herumstehen, die keine Arbeit hatten. Er stellte auch sie ein und sagte ihnen, sie würden am Abend den ihnen zustehenden Lohn erhalten. Am Mittag und dann noch einmal nachmittags gegen drei Uhr tat er dasselbe. Um fünf Uhr abends ging er noch einmal in die Stadt und sah immer noch ein paar Leute herumstehen. Er fragte sie: „Warum habt ihr heute nicht gearbeitet?“ Sie antworteten: „Weil uns niemand angestellt hat.“ Da sagte der Gutsbesitzer zu ihnen: „Dann geht zu den anderen Arbeitern in meinem Weinberg.“ Am Abend schließlich beauftragte er seinen Verwalter, die Leute zu rufen und sie zu entlohnen. Er sollte mit den Arbeitern beginnen, die als Letzte eingestellt worden waren. Als die, die erst um fünf Uhr eingestellt worden waren, bezahlt wurden, erhielten sie alle einen vollen Tagelohn. Als die, die früher eingestellt worden waren, an der Reihe waren, dachten sie, dass sie mehr bekommen würden. Aber auch sie erhielten einen Tagelohn. Als sie ihr Geld bekamen, beschwerten sie sich. „Diese Leute haben nur eine Stunde gearbeitet und doch bekommen sie genauso viel wie wir, die wir den ganzen Tag in der sengenden Hitze schwer gearbeitet haben.“ Einem von ihnen antwortete er: „Mein Freund,*

ich war nicht ungerecht! Warst du nicht damit einverstanden, dass du den ganzen Tag für den üblichen Lohn arbeitest? Nimm dein Geld und gib dich zufrieden. Ich will aber diesem letzten Arbeiter genauso viel geben wie dir." (Mt 20,1-14)

Die Klage der Arbeiter, die im Gegensatz zu den anderen Arbeitern den ganzen Tag für ihr Geld gearbeitet hatten, scheint auf den ersten Blick verständlich, denn schließlich haben diese doch viel mehr gearbeitet. Die Übersetzung „Tageslohn" ist ein wenig unglücklich. Im Grundtext heißt es hier *dänarion* (Denar od. Silbergroschen). Ein Denar war damals der Betrag, den eine Familie mit Kindern mindestens brauchte, um ihren Lebensunterhalt zu bestreiten. Der gottesfürchtige Besitzer des Weinguts – wenn wir so wollen der Chef einer Firma oder Arbeitgeber im Allgemeinen – konnte gar nicht anders, als auch den übrigen Angestellten das Minimumauskommen – den Mindestlohn – zu zahlen, alles andere hätte gegen guten frommen Anstand und Sitte verstoßen! Auch in unserem deutschen Gesetz kennen wir sittenwidrige Löhne oder den Lohnwucher, von dem die Juristen ab einem Stundenlohn, der 1/3 unter dem Tariflohn liegt, sprechen. Aber diese juristische Auslegung vom Lohnwucher greift aus der Perspektive des MEISTERS viel zu kurz: Ein sittenwidriger Lohn fängt in der Tat da an, wo er nicht dazu ausreicht, seinen Lebensunterhalt bestreiten zu können.

„Unternehmen, deren Existenz lediglich davon abhängt, ihren Beschäftigten weniger als einen zum Leben ausreichenden Lohn zu zahlen, sollen in diesem Land kein Recht mehr haben, weiter ihre Geschäfte zu betreiben."

Dieses Zitat stammt nicht etwa von einem weiteren Linken, sondern von Franklin D. Roosevelt, einem frommen Präsidenten[48] einer Nation mit einem kapitalistischen Selbstverständnis. Anfang des 19. Jahrhunderts waren es nicht nur Linke, die einen Lohn einforderten von, dem die Arbeiter selber in Würde leben konnten. So konstatierte beispielsweise auch Papst Leo XIII.

> *„[...] so bleibt dennoch eine Forderung der natürlichen Gerechtigkeit bestehen – die nämlich, dass der Lohn nicht etwa so niedrig sei, dass er einem genügsamen, rechtschaffenen Arbeiter den Lebensunterhalt nicht abwirft. Diese schwerwiegende Forderung ist unabhängig von dem freien Willen der Vereinbarenden. Gesetzt, der Arbeiter beugt sich aus reiner Not oder um einem schlimmeren Zustande zu entgehen, den allzu harten Bedingungen, die ihm nun einmal vom Arbeitsherrn oder Unternehmer auferlegt werden, so heißt das Gewalt leiden, und die Gerechtigkeit erhebt gegen einen solchen Zwang Einspruch."*[49]

Wenn wir den MEISTER ernst nehmen wollen und erst recht, wenn wir uns selbst als seine Nachfolger und Schüler verstehen, bleibt es für einen Lohn zu streiten, von dem jeder Arbeiter seinen Lebensunterhalt selbstständig bestreiten kann, alles andere wäre unchristlich!

---

[48] Mitglied in der Episkopalkirche der Vereinigten Staaten von Amerika

[49] Leo XIII; Enzyklika „Rerum Novarum" (1891) Nr. 34 URL: http://www.schulte-schulenberg.de/rerum.htm (Stand: 2012)

Der Wert des Teilens

> *Wem genug zu wenig ist, dem ist nichts genug.* (Epikur, Philosophie der Freude)

Der MEISTER Jeshua scheint mit dem folgenden Wert für manchen Ökonomen vollkommen durchgeknallt zu sein und die bestehenden Prinzipien völlig irrational und naiv auf den Kopf zu stellen:

> *Geben ist seliger als nehmen. (LU; Apg 20,35)*

Zunächst gilt es aber festzuhalten, dass es hier nicht heißt *„nehmen ist seliger als geben“*, sondern eben genau das Gegenteil! Es geht also weniger um eine Nehmen-Gesinnung als eine Gesinnung des Gebens! Eine Gesellschaft, die nur etwas geschenkt bekommen möchte, ist sicherlich zum Scheitern verurteilt. Der Zusammenhang unserer Bibelstelle macht dies noch einmal sehr deutlich. Hier spricht Paulus zu einer Kirchengemeinde, der er durch sein Vorbild gezeigt hat, wie wir miteinander umgehen sollen:

> *Ich habe euch in allem gezeigt, dass man so **arbeiten** und sich **der Schwachen annehmen muss** im Gedenken an das Wort des Herrn Jesus, der selbst gesagt hat: Geben ist seliger als nehmen.* (LU; Apg 20,35)

Paulus kannte laut Aussagen der Bibel beides: Zeiten, in denen er geben konnte, und Zeiten, in denen er auf die Solidarität der frommen Gemeinschaft angewiesen war, um über die Runden zu kommen. Um großzügig sein zu können, braucht es sicherlich zwei Dinge: erstens, ein entsprechendes Auskommen, und zweitens, eine Bereitschaft sich mit dem, was man wirklich braucht, zu begnügen und den Rest zu teilen. Alles, was über das hinausgeht, was man wirklich zum Leben braucht ist – etwas verkürzt dargestellt – ist nach (katholischer) Tradition eine Todsünde: die Völlerei! Auch wenn ich aus evangelischer Sicht nicht alles mit meinen katholischen religiösen Mitbewerbern theologisch teilen kann, so kann ich von der Deutlichkeit dieser Sünde doch einiges abgewinnen. Mahatma Gandhi hat die sieben Todsünden der modernen Welt wie folgt definiert: Wissen ohne Charakter, Wissenschaft ohne Menschlichkeit, Religion ohne Opferbereitschaft, Politik ohne Prinzipien, **Reichtum ohne Arbeit, Geschäft ohne Moral** und **Genuss ohne Gewissen.**

Geben ist seliger als nehmen. (LU; Apg 20,35)

... kann dieser Ausspruch des MEISTERS tatsächlich ein ökonomisches Prinzip darstellen? Tatsächlich braucht es für diesen Wert eine gewisse Reife! So gibt es für Kinder beispielsweise nichts Größeres, als etwas geschenkt zu bekommen – das TEILEN ist für Kinder oft sehr schwer –, aber umgekehrt gibt es für Großeltern nichts Größeres, als etwas (z. B. an ihre Enkelkinder) zu verschenken. Satt und zufrieden mit ihrem Leben, gibt es für viele Ältere nichts Schöneres als zu teilen.

Eine kurzfristig ausgerichtete Ökonomie scheint mir diese Reife der Älteren nicht aufbringen zu können und in Gandhis *Genuss ohne Gewissen* und *Geschäft ohne Moral* festgefahren zu sein: hier geht es oft um Gewinnmaximierung um jeden Preis, auch nach dem Motto: „Nach uns die Sintflut!" Dass gewisse kurzfristige ökonomische Entscheidungen aber im Zweifel der gesamten Ökonomie teurer zu stehen kommen als eine langfristig orientierte, die z. B. auf Solidarität, Ausbildung und Gerechtigkeit setzt, scheint vielen heute schmerzlich bewusst zu werden. Dieselben Betriebe beispielsweise, die nicht mehr dazu bereit waren, ihr Wissen mit neuen Mitarbeiten zu teilen und in Ausbildung zu investieren, klagen heute über Fachkräftemangel und müssen heute viel Geld für ihre Sünden zahlen.

Geben ist ein langfristig, ökonomisches Prinzip, das vielen verloren gegangen zu sein scheint! Altruismus ist in Wahrheit nicht uneigennützig, sondern eine Investition in die Zukunft! Genügsamkeit kann sich zum einen langfristig wirtschaftlich auszahlen, aber zudem bestätigt die Wissenschaft: Geben macht gesünder und glücklicher!

> *„[...] mit Erziehung hat das nichts zu tun, offenbar haben wir Gene für Altruismus. Das menschliche Gehirn scheint tatsächlich darauf programmiert zu sein, dass Hilfsbereitschaft uns glücklich macht. Auch die Hirnforschung ist inzwischen in der Lage, das zu untermauern [...].*[50]

Das FOCUS Magazin schrieb 2012: „Sich für andere Menschen zu engagieren und ihnen zu helfen bereitet uns ähnliche Glücksgefühle wie Essen oder Sex [...].“[51]

Es gibt hier einige Reiche, wie zum Beispiel Daniel Porsche, die das verstanden zu haben scheinen. Ein Fünftel seiner Aktienausschüttungen behält er für sich und seine Familie (immerhin noch ca. zwei Millionen Euro), das übrige Geld fließt in soziale

---

[50] P.M. Welt des Wissens; Ist Geben wirklich seliger als Nehmen?; URL: http://www.pm-magazin.de/r/gute-frage/ist-geben-wirklich-seliger-als-nehmen (Stand: 2.2012)

[51] Stefan Klein; FOCUS Magazin; Der Sinn des Gebens; URL: http://www.focus.de/wissen/wissenschaft/neurowissenschaft/tid-20105/medizin-der-sinn-des-gebens_aid_550746.html (Stand: 13.09.2010)

Projekte.[52] Teilen ist nicht nur richtig, sondern macht auch glücklich!

Doch mehr und mehr scheinen auch in unserem Land diese solidarischen Prinzipien – sprich, dass der Starke etwas für den Schwachen abgibt – in Frage gestellt zu werden. Sprüche wie „Wir können uns den Sozialstaat nicht mehr leisten!“ werden wieder salonfähig. Die Ergebnisse der neuen Sinus-Jugendstudie mit dem Titel „Wie ticken Jugendliche 2012?" dokumentieren diesen neuen wachsenden Sozialrassismus:

> *Jugendliche, die aus armen Familien kommen, müssen in Deutschland unter Gleichaltrigen mit Ausgrenzung kämpfen [...]. Demnach klagen 14- bis 17-Jährige, die aus prekären Verhältnissen stammen, gemieden zu werden. Zudem blickten sie weit weniger optimistisch auf ihre berufliche Zukunft als reichere Jugendliche. "Da gibt es eine deutliche Abgrenzung aus der gesellschaftlichen Mitte nach unten", beschreibt Studienautor Marc Calmbach das Problem. Typische Aussagen seien: "Die Hartz-IV-Empfänger kriegen das Geld in den Arsch geschoben" oder: "Ich würde Hartz-IV-Leute, die jetzt einfach zu Hause sitzen und keine Lust zum Arbeiten haben, dazu verdonnern, arbeiten zu müssen".*[53]

---

[52] Tino Andresen, Handelsblatt. „Geben ist seliger" URL: http://www.handelsblatt.com/unternehmen/management/koepfe/deutschlands-milliardaere-haben-die-wohltat-entdeckt-geben-ist-seliger/2972384.html (stand: 16.08.2008)

[53]N-tv. „Zum Arbeiten verdonnert" URL: http://www.n-tv.de/politik/Jugendliche-grenzen-Arme-aus-article5887991.html (Stand: 28.03.2012)

Eine langfristige Europäische Ökologie ist auch auf eine stabile Demokratie, die wiederum auf eine gewisse soziale Ausgewogenheit angewiesen ist. Investitionen gegen Armut, in Bildung und Ausbildung sind selige Investitionen in die eigene Zukunft. Die Bibel mahnt jede Gesellschaft:

> *Gibt es jedoch Arme […], dann seid ihnen gegenüber nicht hartherzig und geizig. Seid vielmehr großzügig und leiht ihnen, was sie brauchen. Hütet euch davor, euren armen Landsleuten gegenüber kleinlich zu sein […]. Wenn ihr ihnen nichts gebt und der Bedürftige euretwegen zum Herrn schreit, ladet ihr dadurch Schuld auf euch. Gebt gerne, ohne zu klagen. Dann wird euch der Herr, euer Gott, bei allem, was ihr tut, segnen. Es wird immer Arme im Land geben. Deshalb befehle ich euch, den Armen und Bedürftigen […] gegenüber freigiebig zu sein.* (5.Mo 15,7-11)

Ein aktueller Text, den der MEISTER in fünf simplen Worte zusammenfassen vermag: *Geben ist seliger als nehmen.* Wir täten alle gut daran, uns gegen jede Form des Sozialrassismus zu stemmen und uns von niemand einreden zu lassen, dass wir uns diese Investitionen nicht mehr leisten könnten.

Man könnte diesen Wert auch mit dem Prinzip des MEISTERS von *Saat und Ernte* ergänzen: Wer ausgebildete Arbeitnehmer haben will, muss sein Wissen teilen. Wer glückliche und motivierte Arbeitnehmer haben will, muss seine erwirtschafteten Ressourcen angemessen teilen. Wer weiter in einer Demokratie leben möchte, muss sich der Armen erbarmen und seinen Überfluss mit ihnen teilen, etc.

> *Wer seine Ohren vor den Bitten der Armen verschließt, dem wird auch nicht geholfen werden, wenn er selbst in Not ist.* (Spr 21,13)

Mehr und mehr scheint bei dem einen oder anderen ökologischen Vordenker der Glaube des ungehemmten und ewigen Wachstums zu bröckeln und die Suche nach neuen Ansätzen durchzusetzen. Dennis Snower (IfW-Chef) sagt in einem Interview der *Financial Times Deutschaland*:

> *[...] Deshalb empfehle ich jungen Menschen, Ökonomie zusammen mit Soziologie, Anthropologie, Psychologie und Philosophie zu studieren. Daraus ergeben sich viele Einsichten, die hergebrachte ökonomische Modelle nicht bieten. Etwa dass Menschen einander stark beeinflussen; dass zwischenmenschliche Beziehungen große Auswirkungen auf unser Verhalten haben. Das alles ist in der traditionellen Ökonomie so gut wie nirgends zu finden [...].Wir stehen am Anfang einer Revolution. Das kann einige Zeit dauern – zehn, vielleicht 20 Jahre. Es kann jedoch auch sehr viel schneller gehen. Nämlich dann, wenn viele junge Ökonomen den Mut haben, in neue Richtungen zu forschen [...].*[54]

Einer dieser neuen Ökonomen ist Dominik Dallwitz-Wegner, der sich selbst „Glücksökonom" nennt. Er ist überzeugt, dass Wirtschaft und Glück zusammen funktionieren können und

---

[54] Mathias Ohanian und Martin Kaelble. Finacal Times Deutschland. „Ökonomen in der Kritik. Wir stehen am Anfang einer Revolution" URL: http://www.ftd.de/politik/konjunktur/:oekonomie-in-der-kritik-wir-stehen-am-anfang-einer-revolution/60155490.html (stand: 16.01.2012)

greift dabei (vielleicht unbewusst) auf die Forderung des MEISTERS zurück:

> *Wenn man Menschen fragt, wie wichtig ihnen verschiedene Faktoren sind, um glücklich zu sein, spielt Geld schon eine große Rolle. Aber eigentlich wird Geld völlig überschätzt. Das sieht man beispielsweise in internationalen Vergleichsstudien, bei denen man schaut, ob reiche Länder wirklich so viel glücklicher sind als arme Länder. Das Ergebnis davon ist: Tendenziell ja, aber der Unterschied ist nicht so hoch wie erwartet. Dazu kommen ein paar Länder, die unerwartet eine Ausnahme darstellen. Wie Venezuela oder das Königreich Bhutan, die ökonomisch weit zurückliegen, aber im Glückslevel ganz weit oben sind. In diesen Ländern investiert der Staat viel ins Wohlbefinden der Menschen, in soziale Sicherungssysteme und Bildung. Das macht nicht reich, aber glücklich.*[55]

Eine Gesellschaft, die den Wert des Teilens erkennt und in ihrer Ökologie fest verankert – ja sie hier und da (wo es sein muss) auch gesetzlich einfordert –, ist eine stabilere, langfristig orientierte und glücklichere Gesellschaft als eine endsolidarisierte Gesellschaft. Altkanzler Schröder ermutigt seine Partei zu einer neuen, mutigen Agenda 2030 – diesem Aufruf zu einer mittel- bis langfristigen Planung schließe ich mich prinzipiell an. Machen wir uns für eine Agenda 2050 oder 2070, stark die einen Paradigmenwechsel ansteuert, eine Ökologie der

---

[55] Monika Sax. Planet Wissen. „Interview: Glücksökonomie" URL: http://www.planet-wissen.de/alltag_gesundheit/psychologie/glueck/gluecksoekonomie.jsp (Stand: 13.05.2009)

wachsenden Gesundheit, Zufriedenheit und Stabilität unserer Gesellschaft. Eine solch angelegte Ökologie wird um die Weisheit und Forderung des MEISTERS, bereit sein zu teilen, nicht umhinkommen.

Finanzsystem

„Der Geldgierige ist ein Freund und freiwilliger Sklave des Teufels: Nichts versklavt uns mehr an den Teufel als das Verlangen nach mehr und die Liebe zur Habgier." (Johannes Chrysostomus)

Am Anfang schuf Gott Himmel und Erde, alle Lebewesen und sein Gegenüber, den Menschen. Er segnete ihn, besuchte ihn jeden Abend im Garten, traute ihm was zu, übertrug ihm die Verantwortung für seine Schöpfung und setzte ihn als einen Verantwortlichen, fürsorglichen Verwalter über alles ein. Doch dann geschah, wie bereits erwähnt, das Unfassbare. Der Verwalter wollte nicht mehr länger Diener Gottes sein, sondern selber sein wie Gott, sich nicht mehr bevormunden lassen und selber Schöpfer sein.

Doch vieles, was der Mensch erschuf, wurde ihm selber zum Fluch. Vieles, das er erschaffte, um ihm das Leben eigentlich zu erleichtern, verschlimmerte seine Situation. Statt selber Herr zu sein – wie es der Mensch eigentlich vorhatte –, wurde der Mensch zum Sklaven seiner eigenen Errungenschaften. Wir könnten hier etliche Beispiele aus der Gegenwart nennen: Die Atomkraft mit all ihren Möglichkeiten versklavt mit ihrem strahlenden Müll noch Tausende Generationen nach uns, die Individualisierung macht uns zu Sklaven unserer eigenen Einsamkeit etc.

Aber ich will noch viel früher ansetzen: Die Erfindung des Geldes. Eigentlich eine tolle Sache, Münzen, Scheine, heute oft nur noch ein bestimmter digitaler Code, repräsentieren einen bestimmten Tauschwert. Man kann jetzt damit bequem einkaufen. Das Geld, eine Erfindung, die uns das Leben vereinfacht; das Geld, das uns, seinen Schöpfern und Herren, dient. Aber auch diese Errungenschaft kippt durch ein sehr altes, von allen Religionen verteufeltes Übel: die Gier! Plötzlich dient das Geld nicht mehr dem Menschen, sondern der Mensch dem Geld! Da gibt es Menschen die es haben und damit Macht über diejenigen bekommen, die es haben wollen bzw. müssen! Das war vor vier- bis sechstausend Jahren nicht anders als heute. Was macht man, wenn man kein Geld hat? Man leiht sich etwas von jemandem, der viel davon hat! Aber der, der viel davon hat, gibt nicht gerne davon ab, im Gegenteil, er will mehr haben, er will es vermehren!

Finanzquiz:

Noch einmal möchte ich Sie einladen zunächst an einem kleinen Quiz teilzunehmen. Auch hier finden Sie die Antworten in den Fußnoten (auch dieses Quiz kann von der Homepage heruntergeladen werden.):

1. Wer hat 2008 gesagt „Keine Bank darf so groß sein, dass sie wieder Staaten erpressen darf”?[56]

---

[56] Antwort B: Angela Merkel. Seitdem sind die Banken aber noch größer und damit gefährlicher geworden. Das Problem an zu großen Banken: „To big to fail". Dies bedeutet, dass die Pleite einer Bank volkswirtschaftlich teurer wäre als deren Rettung und die Banken deshalb mit Steuergeldern gerettet werden. Wir fordern deshalb die Zerschlagung von Großbanken und somit unter anderem die Trennung von Investment- und Geschäftsbanken.

- A: Josef Ackermann
- B: Angela Merkel
- C: Gregor Gysi

2. Wie viele „Steueroasen" gibt es laut der schwarzen Liste der OECD?[57]
    - A: 0
    - B: 12
    - C: 150
3. Im US-Steuerparadies *Delaware* ist die Deutsche Bank ...[58]
    - A: an fünf Unternehmen beteiligt
    - B: an mehr Unternehmen beteiligt als in allen deutschen Städten zusammen
    - C: Hauptanteilseigner der Universität
4. Für welchen Verein engagiert sich die Commerzbank?[59]
    - A: Verein ehrlicher Lobbyisten

---

[57] Antwort A: Null! Es gibt diese Liste der OECD, auf welcher am Anfang auf mehrere Länder, Stadtstaaten und Südseeinseln drauf standen. Die Banken haben es jedoch nicht gerne gesehen, dass sie auffällig viele Tochtergesellschaften in offiziellen Steueroasen hat. Doch die Bankenlobby hat dafür gesorgt, dass die Kriterien dieser „schwarzen Liste" so weit abgeschwächt wurden, dass die Liste wenige Wochen nach der Veröffentlichung wieder leer war. Das Problem an Steueroasen ist, dass Banken zum einen über Tochtergesellschaften mehrere Mrd. Euro vorbei am deutschen Fiskus schleusen können. Zum anderen sind die Regulierungen dort geringer, sodass riskantere Geschäfte und Spekulationen betrieben werden können.

[58] Antwort B &C: ...an mehr Unternehmen beteiligt als in allen deutschen Städten zusammen. Delaware gilt als Steuerparadies und die Deutsche Bank hat dort viele Niederlassungen und Zweckgesellschaften. Anmerkung zur Antwort c) : Die Deutsche Bank hat sich durch einen „Sponsoren- und Kooperationsvertrag" an der Humboldt Universität und der Technischen Universität Berlin weitreichende Mitspracherechte zusichern lassen. Dieser Vertrag gewährt der Deutschen Bank Mitsprache in der Lehrkonzeption, Lehraufträge für Bankmitarbeiter, Vetorecht bei der Veröffentlichung von Forschungsergebnissen und gesonderte Werberechte an der Uni.

[59] Antwort B: Förderkreis Deutsches Heer. Dies ist ein Lobbyverband zur „Förderung der deutschen Rüstungsindustrie" in dem alle großen Waffenhersteller und viele Wirtschaftsunternehmen vertreten sind.

- B: Förderkreis Deutsches Heer
- C: Deutscher Pharmaverband

5. In welcher Höhe erhielt der AKW-Betreiber EON Kredite der Deutschen Bank?[60]
   - A: 10 Mio €
   - B: 100 Mio €
   - C: 1 Mrd €
6. Wer hat das Festessen zu Ackermanns 60. Geburtstag bezahlt?[61]
   - A: Angela Merkel privat
   - B: Josef Ackermann privat
   - C: Der deutsche Steuerzahler

---

[60] Antwort C: 1 Mrd. Euro. Insgesamt investieren die Privatbanken noch viel mehr Geld in die Atomindustrie. Mit diesem Geld werden weltweit neue Atomkraftwerke gebaut oder der Uranabbau gefördert.

[61] Antwort C: Der Deutsche Steuerzahler. Von den Medien wird Josef Ackermann oft als „der wichtigste Politiker Deutschlands" bezeichnet, und als solcher muss natürlich auch die Regierung die Kontakte zu ihm pflegen.

Zinssystem

Und so kam es zu einer weiteren sehr perfiden Erfindung der Menschheit, die die Schere zwischen Arm und Reich weiter auseinandertreiben ließ und den Gierigen immer mehr von unten nach oben presste: **dem Zins**! Jetzt denken Sie vielleicht: „ZINS? Das ist doch gut, ich bekomme 5 % auf mein Tagesgeld, das ist doch super! Was ist daran ungerecht und schlimm?“ Ich möchte Ihnen das Ganze an einem Beispiel verdeutlichen: Nehmen wir an, Maria und Joseph hätten vor 2000 Jahren einen Euro Cent bei der Jerusalemer Sparkasse zusagen wir 5 % angelegt. Was glauben Sie, hätten Sie jetzt?

> „Nach dreißig Jahren stünde auf dem Sparkonto noch immer 1 Cent, weil sich der geringe Zinszuwachs im Nullkomma-Bereich bewegt. Somit also ein absolut lächerliches Ergebnis. Nun verstarb Joseph, sein Bankkonto blieb bestehen. Nach rund 300 Jahren schauten die Erben von Joseph auf dem Bankkonto nach und siehe da, aus dem kümmerlichen Cent waren bereits 10.000 Euro geworden. Aber auch diese Erben hielten der Entwicklung stand und griffen das Vermögen nicht an. Zwei Generationen weiter, so rund 150 Jahre später, machte sich ein weiterer Erbe einmal die Mühe, um nachzuschauen, wie viel Geld denn nun auf dem Konto liegt. Er war überrascht. Aus den 10.000 Euro waren bereits satte 10 Millionen geworden. Die Versuchung war groß, dieses Geld auszugeben, aber, ganz im Sinne der Familientradition, widerstand er der Versuchung und ließ dieses Geld einfach liegen. Die Ernte für sein Verhalten konnte er leider nicht mehr einfahren, dafür aber seine Erben. Denn im Jahre 1466 hatte der Wert des ursprünglichen Euro-Cents den Gegenwert einer Erdkugel

> aus Gold! Damit nicht genug. Im Jahre 1750 kamen die Sparer auf eine Million (!) Erdkugeln aus Gold. Heute könnten sich Josephs Erben, natürlich nur theoretisch, über mehr als 200 Milliarden Erdkugeln aus Gold freuen. Eine absurde Vorstellung, aber ein deutliches Zeichen, wie „gefährlich" Zinsen für ein Finanzsystem sind. Egal, zu welcher Zeit Sie wie viel Geld anlegen, der Zinseszins zwingt letztlich jedes System in die Knie. Ein Sparer, der beispielsweise im Jahre 1000 nur einen Dollar investierte und dafür 5 Prozent Zinsen erhielt, hätte heute ein Vermögen, dessen Zinszuwächse das Weltbruttosozialprodukt um mehr als das Fünfmillionenfache überträfen!“[62]

Zinsen wirken exponentiell in alle Richtungen. Wer über Vermögen verfügt, erhält immer mehr. Wer dagegen Schulden hat und diese nicht tilgt, steht vor dem umgekehrten Problem, dass er immer mehr Zinsen zahlen muss. Eine krisensichere Umverteilung (selbst in Krisenzeiten wie diesen sind viele Milliardäre unseres Landes reicher geworden). Diese Zinsentwicklung gefährdet ab einem gewissen Punkt eine Gesellschaft, weil sie ab diesem gewissen Punkt das Gerechtigkeits- und Sozialgefüge einer Gesellschaft zerreißen wird.

Gleichzeitig sehen wir, dass, wenn man diese Verzinsung immer höher und höher rechnet, man gar nicht so viel Geld drucken kann wie man verdient, die Ressourcen dieser Erde wären längst verbraucht. Realwirtschaft und Finanzwirtschaft haben dann irgendwann – wie jetzt auch – nichts mehr mitei-

---

[62] Thomas Haak; „Zinsseszins: Der Crash kommt!“ URL: http://thomashaak.de/zinsen/ (Stand: 10.07.2012)

nander zu tun. Hintergrund: Die obersten 20 % der Vermögensverteilung besitzen in unserem Land rund 80 % des Nettogeldvermögens (die obersten 10 % besitzen zwei Drittel). Die Staatsverschuldung nimmt jede Sekunde um 1925 Euro zu, im gleichen Zeitraum wächst aber das private Geldvermögen um unglaubliche 6472 Euro![63]

Kreditwesen und Zins sind zwei Seiten einer Medaille. Was in der Naturwissenschaft unmöglich ist, scheint hier möglich zu sein: *die Schaffung aus dem Nichts*. So gesehen hat der Zins schon fast etwas Religiöses. Was meine ich damit? Nun, den wenigsten Menschen ist das Folgende bewusst, aber sobald ich einen Kredit bekomme, entsteht dieser aus dem Nichts, und sobald ich diesen getilgt habe, verschwindet dieses Geld wieder im Nichts. Ein konkretes Beispiel: Sie leihen sich 1000 Euro bei der Bank zu 5 %. In diesem Augenblick haben Sie – bzw. die Bank – Geld aus dem Nichts erschaffen (auch Giralgeld genannt), denn Ihre Bank – etwas verkürzt dargestellt – leiht sich das Geld von der Zentralbank, die dieses Geld im Prinzip einfach nur druckt bzw. als Schuld verbucht. In dem Augenblick, in dem Sie das Geld zurückzahlen, verschwindet dieses Geld wieder im Nichts, die Schuld wird getilgt und wieder auf „0" gesetzt. Etwas anders verhält es sich mit den Zinsen, denn diese müssen Sie tatsächlich irgendwie erwirtschaften. Das Geld, das Sie sich geliehen haben und wieder getilgt haben, verschwindet im Nichts, aber die 250 Euro, die Sie an Zinsen zahlen mussten, bleiben der Bank, die so im Prinzip aus dem Nichts 250 Euro gemacht hat! Tatsächlich ist jeder Kredit wie ein riesiger Luftballon. Jeder neue Kredit pumpt Luft in

---

[63] ReichtumsUhr.de „Das Infoportal zum Thema privater Reichtum, Armut und Staatsverschuldung" URL: http://www.reichtumsuhr.de (Stand: 2011)

den sich weiter aufblähenden Ballon. Und jetzt aufgepasst: Jede Tilgung eines Kredits lässt Luft ab, der Ballon schrumpft. Die Banken versuchen, diesen Geldballon stetig zu vergrößern, da sie laufend daran – aus dem Nichts - Zinsen verdienen. Die Zentralbank wiederum versucht die Größe des Geldballons in etwa konstant zu halten, damit der Geldwert mehr oder weniger stabil bleibt, indem sie den Zinssatz für das Geld, mit dem sich die Banken von ihr Geld leihen können, erhöhen oder senken. Der Zins, der eine Schaffung aus dem Nichts ermöglicht, erhält dabei perverse religiöse Züge, ihm dienen ganze Völker, ächzen und stöhnen unter seiner allmächtigen Peitsche. Es als Fromme zuzulassen, Gott zu spielen und Dinge aus dem Nichts erschaffen zu wollen, widerspricht den eigenen wichtigsten und ersten Gebot: Du sollst keine anderen Götter neben mir haben! Vor allem der Zusammenhang dieser Aussage Gottes ist spannend, denn Gott selbst leitet dieses Gebot mit den Worten ein, dass er die Menschen aus der Sklaverei geführt hätte. Die 10 Gebote sind nun gewissermaßen Richtlinien, die die Menschheit vor erneuter Sklaverei beschützen sollten. Mit dem Rechtsbruch des ersten Gebotes hat sich diese Welt nun erneut in die Klauen der Sklaverei – diesmal durch den Zins – gegeben!

Aber Gott wäre nicht Gott, der sich selbst einer gefallenen Schöpfung, die nichts mit ihm zu tun haben möchte, erbarmt und ihr einen Ausweg eröffnet. Zwei geniale Einfälle offenbarte Gott seinem Volk. Zwei simple Regeln, die seine Kinder vor einer Zerfleischung bewahren sollten und ein soziales Gleichgewicht sicherstellen sollte:

1. das Zinsverbot
2. den Schuldenschnitt

Starten wir unsere Zeitreise im 2. Buch Mose:

> *Wenn du Silber leihst einem aus meinem Volke, dem Armen neben dir, sei gegen ihn nicht wie ein Schuldherr; legt ihm nicht Zins auf. (2.Mo 22,24f)*

> *Und wenn dein Bruder verarmt ... so sollst du ihn festhalten ... Nimm nicht von ihm Zins und Mehrung und fürchte dich vor deinem Gott, auf dass dein Bruder neben dir lebe. Dein Geld gib ihm nicht auf Zins und um Mehrung gib ihm nicht deine Nahrungsmittel. (3.Mo 25,35-37)*

> *Wer auf Zins leiht und Zuschlag nimmt, sollte der am Leben bleiben? – Er wird nicht am Leben bleiben! ... Er muss sterben! Sein Blut komme über ihn! (Hes 18,13)*

Jeshua, der MEISTER, bestätigte diese Haltung des Alten Testamentes und sagte seinen Jüngern:

> *Vielmehr liebet eure Feinde und tut Gutes und leihet, ohne etwas zurückzuerwarten. Dann wird euer Lohn groß sein und ihr werdet Söhne des Höchsten sein. (Lk 6,35).*

> *„Gib dem, der dich bittet, und wende dich nicht von dem ab, der von dir borgen will! (Lk 5,42).*

Immer wieder ist in diesem Zusammenhang darauf hingewiesen worden, dass das Zinsverbot der Bibel sich nur auf den Glaubensbruder, den „Nächsten“ bezogen hätte. Geld verzinst an Heiden zu verleihen wäre demnach vollkommen in Ordnung. Diese Deutung ist eine theologische Spitzfindigkeit, die ich vor allem im Lichte des Neuen Testamentes für nicht haltbar erachte. Der Nächste ist nach Aussagen des MEISTERS (z. B. im Gleichnis vom *Barmherziger Samariter*) eben nicht bloß der Glaubensbruder, sondern jeder, der meine Hilfe braucht! Wir staunen, oder? Zinsen, ein Rückgrat unserer Finanzwelt, werden von der Bibel abgelehnt. Aber nicht nur die Bibel, sondern auch unsere Kirchenväter positionierten sich eindeutig gegen den Zins:

> *„Es ist äußerst ungerecht, mehr zu fordern, als man gegeben hat. So handeln, das ist seinen Nächsten ausbeuten und auf perfide Weise mit seiner Not spekulieren." Lactantius (gest. 330 n. Chr.)*

> *„Was ist für ein Unterschied, durch Einbruch in Besitz fremden Gutes zu kommen auf heimliche Weise und durch Mord als Wegelagerer, indem man sich selbst zum Herrn des Besitzes jenes Menschen macht, oder ob man durch Zwang, der in den Zinsen liegt, das in Besitz nimmt, was einem nicht gehört?" Gregor von Nyssa (ca. 334 - 394 n. Chr.)*

> *„Wer Zins nimmt, wird mit dem Königsbann belegt, wer wiederholt Zins nimmt, wird aus der Kirche ausgestoßen und soll vom Grafen gefangen gesetzt werden." Kaiser Lothar*

> *„Wer mehr nimmt, als die Leihsumme ausmacht, verstrickt sich in die Sünde des Wuchers. Alles, was zur Leihsumme hinzukommt, ist Wucher." Papst Eugen III*

> *„Jede Gesetzgebung, die den Zins erlaubt, ist null und nichtig." Papst Alexander III. (1179) und Papst Clemens V. (1311)*

„Das Geld kann nur durch Ausgeben gebraucht werden, also ist dem Gläubiger kein Zins zu vergüten. Auf Zins ausleihen ist Sünde." Thomas von Aquin (1224 - 1274)

„Darum ist ein Wucherer und Geizhals wahrlich kein rechter Mensch; er sündigt auch nicht eigentlich menschlich! Er muss ein Werwolf sein, schlimmer noch als alle Tyrannen, Mörder und Räuber, schier so böse wie der Teufel selbst! Er sitzt nämlich nicht als ein Feind, sondern als ein Freund und Mitbürger im Schutz und Frieden der Gemeinde und raubt und mordet dennoch gräulicher als jeder Feind und Mordbrenner. Wenn man daher die Straßenräuber, Mörder und Befehder rädert und köpft, um wie viel mehr noch sollte man da erst alle Wucherer rädern und foltern, alle Geizhälse verjagen, verfluchen und köpfen. ..." Martin Luther (1483 - 1546)

Das sind alles sehr deutliche Worte gegen den Zins, oder? Wie kann es da sein, dass die Christenheit heute so unkritisch mit dem Thema umgeht? Was ist da bei uns Christen schiefgelaufen? Warum überhört die Christenheit die Kritik ihres MEISTERS? Wir leben in einem System, einem antigöttlichem Herrschaftsgefüge, in dem nicht unser Schöpfer, sondern unser Geschöpf, das Geld – der Mammon –, zu unserem Gott aufgestiegen ist!

Eine Bank ohne Zinsen, kann das funktionieren? Die einzige Bank in Deutschland, die sich sehr kritisch zum Zins äußert, ist die *ethikbank*. Ganz aus dem System auszusteigen wagt sie zwar nicht, bietet ihren Kunden aber wenigstens an, z. B. die Zinsen fürs Tagesgeldkonto direkt an soziale Projekte spenden zu lassen, zudem bietet sie extrem niedrige Dispokreditzinsen an – eine wirklich tolle Sache. Dass es aber nicht unmöglich ist, ganz auf Zinsen zu verzichten, lehren uns die vielen islamischen Banken auf der ganzen Welt, denn das Zinsverbot wird im Islam nach wie vor strengstens befolgt (in Saudi-Arabien, im Iran, in Sudan und in Pakistan gibt es ein staatlich verordnetes Zinsverbot). Es erstaunt daher auch niemanden, dass gerade die islamischen Banken fast gar nicht von den aktuellen Bankenkrisen betroffen waren.

Dennoch wollen auch islamische Banken Geld verdienen. Ihr Plus erzielen sie aber statt mit Zinsen über andere Konstruktionen. Wenn ein Kunde ein Auto kaufen will, so nimmt er keinen Kredit bei der Bank auf, sondern schließt mit ihr einen Vertrag. Dann kauft die Bank das Auto und verkauft es an ihn weiter – aber mit einem Aufschlag. Die erhöhte Summe bezahlt der Käufer in festen Raten zurück. Unternehmen finanzieren sich dagegen über ein Konstrukt, das „musharaka" genant wird. Vom Prinzip entspricht es der Private-Equity-Anlage in westlichen Finanzsystemen. Die Bank beteiligt sich auf Zeit an einem bestimmten Unternehmen oder Vorhaben und erhält hierfür einen prozentual festgelegten Anteil am Gewinn. Sie verdient daran, läuft aber auch Gefahr, ihr Geld zu verlieren, wenn das Unternehmen Pleite geht.[64]

Warum lernen wir nicht von unseren islamischen Nachbarn und besinnen uns selbst auf unsere alten Wurzeln und Warnungen des alten MEISTERS zurück. Tatsächlich muss ich aber zugeben, dass ich es leider selbst nicht genau weiß, wie heute eine Systemtransformation ohne große Katastrophe auszulö-

---

[64] Frank Stocker, Islamische Banken sind die Gewinner der Krise (08.04.2009); http://www.welt.de/finanzen/article3523621/Islamische-Banken-sind-die-Gewinner-der-Krise.html

sen zu bewerkstelligen wäre. Denn bis heute hängt vieles – inklusive Rentensystem – am Tropf des Zinses, ein mehrstufiger Ausstieg wäre daher wahrscheinlich nötig. Aber wenn es uns Menschen möglich war, auf den Mond zu fliegen, dann sollten wir auch diesen Systemwechsel Schritt für Schritt hinbekommen können. Erste kleine Schritt dazu wären, Wucherzinsen wieder gesetzlich zu definieren. Zwar gab es eine entsprechende gesetzliche Regelung noch nie im Bürgerlichen Gesetzbuch (BGB)[65], aber bis 1967 kannte wenigstens das deutsche Bankenwesen entsprechende Regelungen, die den Zins bei einem bankenmäßigen Kredit nicht frei verhandelbar machte. Zwar ist es auch heute möglich, bestimmte Kredite mit dem § 138 (BGH) als sittenwidrig und Wucher gerichtlich zu erstreiten – Zinswucher ist nach § 291 Abs. 1 Nr. 2 StGB eine strafbare Handlung –, dennoch gibt es bis heute unerhörte Wucherzinsen. So gibt es in Deutschland bei Kreditkarten mit einem Sollzins bis zu 25 % oder Dispozinsen bei Girokonten bis zu 15 %.[66] Zwar gibt es einige Urteile, die der Bundesgerichtshofs (BGH) 1990 in diesem Zusammenhang gefällt hat, die den Zinswucher mit einem bestimmten prozentualen Schlüssel am jährlichen Marktzins festlegen, doch, meine ich, greifen diese Urteile und gesetzlichen Regelungen allesamt viel zu kurz! Für eine Neuregelung und Verschärfung der Gesetze sollten sich alle Frommen entschieden einsetzen.

Um sicherzustellen, dass Spekulationsblasen oder Kreditgeschäfte mit Staaten, die Geldeinlagen von Privatkunden und

---

[65] Vgl. § 291 Abs. 1 Nr. 2 StGB

[66] Stiftung Warentest „Dispozinsen: Immer noch unverschämt“ (3.2011) URL: http://www.test.de/Dispozinsen-Immer-noch-unverschaemt-4201363-4201368/

Realwirtschaft nicht in Gefahr bringen, sollten sich Fromme weiter für ein Trennbankensystem, das Kreditvergaben mit Privatkundengeschäft, der Realwirtschaft und dem Investment-Banking trennt. Entsprechende Gesetzesvorlagen gibt es zuhauf, man könnte sich dabei z. B. am Franklin D. Roosevelts Glass-Steagall-Gesetz vom 16.6.1933 orientieren. Wie es in den USA vor der Aufhebung von Glass-Steagall 1999 durch das Gramm-Leach-Bliley-Gesetz bzw. in den meisten europäischen Staaten bis Anfang der 80er-Jahre der Fall war, müssen Geschäftsbanken, Investmentbanken und der Versicherungssektor vollkommen voneinander getrennt werden! Meine persönliche Forderung wäre, wenigstens den europäischen Leitzins durch einen rechnerischen Schlüssel an das europäische Inlandprodukt zu koppeln und so sicherzustellen, dass die Finanzwirtschaft nur in dem Maße wie die Realwirtschaft wachsen kann. Damit hätte die Finanzwirtschaft – im Gegenteil zur jetzigen Situation – auch ein fundamentales Interesse daran, dass es der Realwirtschaft gut ginge und eine *Schaffung aus dem Nichts* nicht mehr möglich wäre.

Sie als Leser könnten – wenn Sie etwas Geld übrig haben – sich überlegen, Mikrokredite zu Zinsen unter dem Marktpreis oder sogar (besser) zinslos zu gewähren[67] oder sich nicht als Kreditgeber, sondern als Investoren (mit einer gewissen Gewinnbeteiligung am Unternehmen) verstehen. Eine weitere Möglichkeit wäre z. B. eine Art Tauschhandel für Dienstleistungen und Waren zu organisieren, die digitalen Medien machen es möglich: Googlen Sie doch einmal den Begriff TAUSCHBÖRSE. Sicherlich ist ein solches *Konkurrenzwirtschaftssystem* noch

---

[67] zB. hier http://www.mikrokreditfonds.de/

nicht auf alle Bereiche übertragbar und immer nur innerhalb einer bestimmten relativ homogenen Gruppe durchsetzbar, aber warum ein solches Netzwerk nicht innerhalb der Kirchen wagen? Es gibt eine Menge Möglichkeiten; es ist einfach nicht wahr, dass die Alternative zu Zinsen das absolute Chaos und wirtschaftlicher Totalschaden wäre!

Schuldenschnitt

> *„Der Staatshaushalt muss ausgeglichen sein. Die öffentlichen Schulden müssen verringert werden. Die Arroganz der Behörden muss gemäßigt und kontrolliert werden. Die Zahlungen an ausländische Regierungen müssen reduziert werden, wenn der Staat nicht Bankrott gehen will." (Marcus Tullius Cicero, römischer Politiker, Anwalt und Philosoph 106 - 43 v. Chr.)*

„Schulden müssen doch immer zurückgezahlt werden, oder?" Diese Frage stellte ich mir mit einer Hand voller junger engagierter Menschen bei einem Vernetzungstreffen der Micha-Initiative (eine Organisation, die sich für die Einhaltung der Millenniumsziele stark macht). Bevor wir uns der Kritik des alten MEISTERS stellen, muss ich dieser Frage zunächst einmal grundsätzlich widersprechen: **Nein, Schulden müssen nicht immer zurückgezahlt werden.**

Stellen Sie sich vor, Sie würden zu Ihrer Hausbank gehen und dort einen Kredit für das nächste Casino beantragen und als Sicherheit nicht mehr mitbringen als Ihre Behauptung, Sie hätten gerade eine todsichere Glückssträhne. Ihre Hausbank würde Ihnen sehr wahrscheinlich keinen Kredit geben, und das aus einem einfachen Grund: Es gibt kein Gesetz, das der Bank garantiert, ihr Geld wiederzusehen!

Wer Geld verleiht, trägt immer ein gewisses Risiko, dieses nie wieder bzw. nur in Teilen zurückzubekommen, und das ist auch gut so! Stellen Sie sich vor, es gebe ein Gesetz, das der Bank garantiert, ihr Geld immer zurückzubekommen, selbst wenn das bedeuten würde, dass Ihr Sohn dafür in einem dunklen Bergwerk arbeiten müsste, Ihre Tochter anschaffen müsste und Sie das eine oder andere eigene Organ verkaufen müssten. Ein solches Gesetz gibt es nicht. Wer Geld verleiht, muss dieses Risiko immer mit einkalkulieren.

David Graeber sagt: *„`Aber man muss seine Schulden doch zurückzahlen.` Dieser Satz klingt so gewichtig, weil er in Wahrheit kein ökonomischer, sondern eine moralische Aussage ist.“* [68] Da ist etwas dran, gleichzeitig bezweifelt er aber auch die moralische Verpflichtung der Dritten Welt, ihre Schulden heute noch nach über 30 Jahren mit Zins und Zinseszins zurückzahlen zu müssen. Ist es nicht unmoralisch, ganze Völker bis heute in Geiselhaft zu nehmen, nur weil in den 70er-Jahren irgendwelche Diktatoren die eigenen Taschen mit Krediten aus dem reichen Westen füllten, sich Paläste bauen ließen und ihr Geld bis heute in Steueroasen einlagerten? Ist es moralisch, Kindern – die dieses Geld nie zu Gesicht bekommen hatten – das Essen vom Teller wegzunehmen, weil teilweise längst verstorbene Despoten noch offene Schulden haben?

In unserem deutschen Recht kennen wir die Privatinsolvenz, bei der Betroffenen nach sieben Jahren die Schulden erlassen werden. Dieses Insolvzentzrecht kennen wir auch bei Firmen

---

[68] David Graeber; „Schulden: Die ersten 5000 Jahre“; Klett-Cotta; 1., Aufl. 2012 Seite 10

und Unternehmen. Warum kennen wir bis heute kein Insolventsrecht für Staaten?

Die Bibel kennt etwas sehr Ähnliches: das sogenannte Sabbatjahr – *auch Schmittah (שמיטה) genannt*. Alle sieben Jahre musste ein Acker brachliegen, er durfte nicht bestellt werden. Das war eine Ruhephase, in der sich der Boden neu erholen konnte, neue Nährstoffe ansammeln konnte – eine geniale Erfindung des MEISTERS, die die langfristige landwirtschaftliche Wertschöpfung sicherstellte. Aber der MEISTER gebot ein Weiteres, etwas, das unser Recht bisher noch nicht kennt: Alle sieben Sabbatjahre, sprich alle 49 Jahre, sollte man im darauffolgenden Jahr – dem 50. Jahr – ein Jubeljahr ausrufen! Ein Priester blies zu diesem Zweck in eine Posaune und verkündigte das Jubeljahr, ein Erlassjahr, einen Schuldenschnitt für alle!

Im alten Israel war es so, dass jeder Stamm (jede Familie) durch eine Verlosung zu einem Landbesitz gekommen war. Dieser Landbesitz war absolut unveräußerbar. Wenn man jedoch durch eine Notlage dazu gezwungen war das Land zu verkaufen und damit gezwungen war seine Existenzgrundlage aufzugeben, dann galt dies nur auf Zeit! Im Jubeljahr wurden alle Schulden auf diesen Besitz erlassen – man bekam das Land zurück! Die Misswirtschaft der Väter musste nicht von den Kindern ausgebadet werden. Sie konnten mit dem Jubeljahr von Neuem beginnen. Man hatte nicht das Problem der über den Kopf gewachsenen Schulden, die auf die nachfolgenden Generationen abgewälzt wurden – wie wir es zur Zeit in der westlichen Welt tun.

Des Weiteren mussten in diesem Jahr alle jüdischen Sklaven freigelassen werden. Der MEISTER hatte Israel aus der Sklaverei und Knechtschaft Ägyptens befreit und wollte nicht, dass seine Menschenkinder erneut in neue Sklaverei und Knechtschaft von Menschen oder Systemen fallen. Kim Tan zeigt in seinem Buch „Das Erlassjahr-Evangelium“[69], wie sehr diese Erlassjahrverordnung die Sendung und das Selbstverständnis Christi bestimmt hat. Der Rahmen dieses Kapitels würde die Fülle an Nachweisen überspannen, aber die wichtigsten Beobachtungen möchte ich doch hier zu Wort kommen lassen und Ihnen damit ein ganz neues ganzheitliches Verständnis von der Sendung Christi geben:

Es gab eine ganze Fülle an Sabbatbestimmungen ...

- **A der Sabbat** (jeder siebte Tag war ein Ruhetag)
- **B das Abgabegebot** (alle drei Jahre Abgabe an die Armen)[70]
- **C das Sabbatjahr** (alle sieben Jahre Ruhejahr für den Boden, Schuldenschnitt und Sklavenbefreiung)

Aber alle mündeten in die radikalste Reform des MEISTERS ein, in ...

- **D das Erlassjahr** (alle sieben Sabbatjahre wurde im kommende Jahr – das 50. – alle Schulden erlassen, Sklaven freigelassen, Besitztümer zurückgegeben)

Sodann sollt ihr sieben Sabbatjahre abzählen, sieben mal sieben Jahre, also zusammen 49 Jahre. Am zehnten

---

[69] K. Tan, *Das Erlassjahr-Evangelium: Ein Unternehmer entdeckt Gottes Gerechtigkeit* (Neufeldt Verlag, 2011).

[70] Siehe auch das Kapitel „Fremdenfeindlichkeit ist unbiblisch“

Tag des siebten Monats, am Versöhnungstag, sollt ihr im ganzen Land die Posaunen blasen lassen. Dieses 50. Jahr soll für euch heilig sein und ihr sollt im ganzen Land Befreiung für alle seine Bewohner ausrufen. Es soll ein Erlassjahr für euch sein, in dem jeder von euch wieder seinen ererbten Landbesitz erhält und jeder wieder zu seiner Familie zurückkehren kann. Ja, das 50. Jahr soll ein Erlassjahr für euch sein […]. Haltet euch an meine Vorschriften und befolgt meine Gesetze genau, so werdet ihr sicher im Land leben. Dann wird das Land seinen Ertrag bringen und ihr werdet genug zu essen haben und sicher darin leben. (3.Mo 25,8-19)

Aus der kleinen Tabelle wird deutlich, was diese Verordnungen für Israel bedeuteten:

1	2	3B	4	5	6B	7C
8	9B	10	11	12B	13	14C
15A	16	17	18B	19	20	21B+C
22	23	24B	25	26	27B	28C
29	30B	31	32	33B	34	35C
36B	37	38	39B	40	41	42B+C
43	44	45B	46	47	48B	49C
50D						

Gott versprach seinem Volk bei Einhaltung seiner Gebote Folgendes:

*Eigentlich sollte es **keine Armen** unter euch geben, denn der Herr, euer Gott, wird euch in dem Land, das er euch als Erbe gibt, reich segnen. Doch ihr müsst dem Herrn,* *eurem Gott, gehorchen und seine Gebote, die ich euch heute gebe, gewissenhaft befolgen. (5.Mo 15,4f)*

Jede Generation sollte nach diesem Schema mindestens einmal Befreiung und komplette Entschuldung erleben, um so die Gefahr der Armut weitgehend zu minimieren. Die Übertragung in die heutige Zeit lässt uns nachvollziehen, warum diese Reformen in der Geschichte Israels ignoriert wurden. Man stelle sich vor, dass Saturn, Mediamarkt, H&M, C&A, Aldi, Lidel, REWE und alle anderen Geschäfte alle drei Jahre einen zehnten Teil ihrer Waren in die Stadtmitte tragen und damit alle Hartz-IVer, Rentner und Ausländer per Gesetz beschenken müsste! Nichts anderes verlangte das Abgabegebot. Das Beispiel in Zahlen umgerechnet würde bedeuten, dass wir alle drei Jahre den zehnten Teil unseres Bruttoinlandproduktes, sprich (2011) 257 Mrd. oder jährlich 86 Mrd. für Sozialleistungen an Arme zur Verfügung stellen müssten. Zum Vergleich: Wir geben (nur) rund 48 Mrd. für Harz-IV (inkl. Zuschüsse zu Wohn- und Heizkosten) aus!

Man stelle sich weiter vor, dass alle deutschen Banken, das Amtsgericht und alle privaten Gläubiger mit ihren Inkassounternehmen alle fünfzig Jahre auf ihre Schulden verzichten und darüber hinaus sogar die gepfändeten Gegenständen und Besitztümer zurückgeben! Nichts anderes verlangte das Erlassjahr. Wir verstehen, warum sich auch heute Politiker mit einem Schuldenschnitt so schwer tun. Als der Finanzpolitiker Gerhard Schick (Bündnis 90 die Grünen) die Idee des Erlassjahrs 2012 auf einer Podiumsdiskussion des 98. Katholikentages als Mittel gegen die Schuldenkrise einbrachte, wies Bundesfinanzminister Wolfgang Schäuble (CDU) das Erlassjahr nachdrücklich mit folgenden Worten zurück: „Ein Erlassjahr bedeutet Geldentwertung und Währungsreform."[71]

Eine absolut radikale Reform, die uns ahnen lässt, dass auch Israel damals der Versuchung des Ungehorsams erlegen war. Und genau so sollte es damals geschehen, die Propheten des Alten Testaments prangerten den Ungehorsam ihre Zeitgenossen immer wieder vergebens an:

> *»So spricht der Herr, der Gott Israels: Vor langer Zeit, als ich eure Vorfahren aus der Sklaverei in Ägypten befreit habe, habe ich einen Bund mit ihnen geschlossen. Ich gebot ihnen: Alle sieben Jahre sollt ihr euren hebräischen Bruder freilassen, der sich euch als Sklave verkauft hat. Sechs Jahre soll er dein Sklave sein, aber dann sollst du ihn als freien Mann gehen lassen. Aber eure Vorfahren hörten nicht auf mich und waren mir nicht gehorsam [...]. Deshalb spricht der Herr: Letztendlich habt ihr mir nicht gehorcht, denn ihr habt die Freilassung für eure Brüder und eure Nächsten zwar ausgerufen, letztendlich aber nicht ausgeführt. Deshalb rufe ich eine Freilassung über euch aus«, spricht der Herr. »Ich liefere euch dem Schwert, dem Hunger und der Pest aus. Alle Königreiche der Erde werden entsetzt sein, wenn ich euch das antue [...]. (Jer 34, 13-17)*

Es gibt in der Bibel selbst immer wieder Hinweise dafür, dass vergebens zur Einhaltung der Erlassregel aufgerufen wurde

[71] Deutscher Katholikentag Mannheim 2012 e.V. „Erlassjahr, kein Mittel gegen Schuldenkrise" URL: URL: http://www.katholikentag.de/aktuell_2012/politik_und_gesellschaft/freitag/politik_wirtschaft_schuldenstaat.html (Stand: 2012)

bzw. diese nur teilweise eingehalten wurde.[72] Da der Geschichtsschreiber Josephus in seinem Werk *Antiquitates Judaicae* Steuerbefreiungen für jedes siebte Jahr erwähnte, ist zumindest anzunehmen, dass das Sabbatgebot für die Böden als Brachjahr zurzeit Christi befolgt wurde. Alle anderen Erlassanweisungen wurden aber nie konsequent umgesetzt!

> *„Wenn man 50 Euro Schulden hat, so ist man ein Schnorrer. Hat jemand 50.000 Euro Schulden, so ist er ein Geschäftsmann. Wer 50 Millionen Euro Schulden hat, ist ein Finanzgenie."* (unbekannt)

Auf jedem Deutschen lastet rein statistisch eine Staatsverschuldung von 26.000 Euro, weltweit sind die Industrieländer mit 55.000.000.000.000 Euro verschuldet. Und wir machen alle munter weiter: Deutschlands am meisten verschuldete Stadt Oberhausen nimmt jeden Tag 400.000 Euro neue Schulden, die Bundesrepublik insgesamt täglich 80.000.000 Euro und die USA täglich 500.000.000 Euro neue Schulden auf. Man muss kein Prophet sein um vorauszusagen, dass das nur noch sehr kurz so weitergehen kann! Ohne einen Schuldenschnitt steht die Welt vor ihrer größten Krise, die soziale Unruhen und gewaltige Verteilungskämpfe zur Folge haben wird. Die Ruhe, die uns jetzt in den Medien hier und da verkauft werden möchte, ist die Ruhe vor dem Sturm! Die Studie von David Graeber ist ein Weckruf an uns alle: Praktisch alle Aufstände, Umstürze und sozialen Revolutionen der europäischen Geschichte entstanden aus einer Situation der Überschuldung. In seiner Studie untersucht Graeber die letzten 5000 Jahre Schuldengeschichte der Menschheit und kommt zu schreckli-

---

[72] Neh 10, 32; 1. Makk 6, 49. 53

chen Erkenntnissen. Die „Schöpfung aus nichts", eine über Generationen zyklisch wiederkehrenden Verschuldung, sei eine Lebensbedrohung vergangener und gegenwärtiger Machtkonstellationen.[73]

Das letzte Erlassjahr wäre übrigens nach dem jüdischen Kalender auf unser Jahr 2000 gefallen. Was hätten wir uns an Finanzkrisen und Turbulenzen in der Weltwirtschaft ersparen können, wenn wir die Anweisung des MEISTERS umgesetzt hätten?! Ein Blick in die Geschichte macht das jedenfalls sehr wahrscheinlich. Vermutlich hätte ein Schuldenschnitt in dem Erlassjahr, das 1900 fällig gewesen wäre, sogar die Weltwirtschaftskrise 1929, die ja vor allem die Folge von Überproduktion und kreditfinanzierter Massenspekulation – sprich Überschuldung –, verhindern können! Und vielleicht sogar die Schrecken eines oder beider Weltkriege verhindern oder abmildern können. Das Argument, dass wir uns einen solchen regelmäßigen Schuldenschnitt nicht leisten könnten, scheint jedenfalls an dem enormen Einsparpotenzial von den Folgen der großen Weltwirtschaftkrise und den Folgekosten der Weltkriege ad absurdum geführt zu sein: Ein konsequenter Schuldenschnitt wäre in jedem Fall günstiger gewesen!

Doch die menschlichen Egoismen sind heute und waren damals größer als ihr Gottvertrauen, und so gab es zur Zeit des MEISTERS viele Arme, die sehnsüchtig die Wiederherstellung dieser Gebote erwarteten. Die jüdische Erwartung war, dass der verheißene Messias diese Erlassgebote wieder reformie-

---

[73] David Graeber; „Schulden: Die ersten 5000 Jahre"; Klett-Cotta; Auflage: 1., Aufl. 2012

ren und durchsetzen würde. Diese Erwartung wird unter anderem in dem Propheten Jesaja 61 formuliert:

> *Der Geist Gottes, des Herrn, ruht auf mir [...], um den Armen eine gute Botschaft zu verkünden. Er hat mich gesandt, um die zu heilen [...] und zu verkündigen, dass die Gefangenen freigelassen und die Gefesselten befreit werden. Er hat mich gesandt, um* ***ein Gnadenjahr des Herrn*** *[...] unseres Gottes auszurufen [...]. (Jes 61,1f)*

Das Timing unseres MEISTERS war wie immer perfekt: Das Jahre 0, der Anfang unserer Zeitrechnung, die Geburt und Ankunft des MEISTERS, war ein Jubeljahr! Und jetzt wird es sehr spannend, denn in dem ersten öffentlichen Auftreten des MEISTERS verkündigt Christus nichts anderes als genau dieses:

> *»Der Geist des Herrn ruht auf mir, denn er hat mich gesalbt, um den Armen die gute Botschaft zu verkünden. Er hat mich gesandt, Gefangenen zu verkünden, dass sie freigelassen werden, Blinden, dass sie sehen werden, Unterdrückten, dass sie befreit werden und dass* ***die Zeit der Gnade des Herrn*** *gekommen ist.« Er rollte die Schriftrolle zusammen, gab sie dem Synagogendiener zurück und setzte sich. Alle in der Synagoge sahen ihn an. Und er sagte: »Heute ist dieses Wort vor euren Augen und Ohren Wirklichkeit geworden!« (LK 4,18-21)*

Der MEISTER möchte, dass auch Sie kein Versklavter sind! Er will weder, dass Ihre Sünden, Ihre Ängste, Ihre materiellen Schulden oder Ihre Naivität Sie versklaven. Gott will, dass Sie frei sind! Im Jesajatext steht „Er hat mich gesandt, um ein Gnadenjahr des Herrn ... auszurufen." Das Gnadenjahr war nach jüdischer Vorstellung das Jubeljahr oder Erlassjahr, das im dritte Buch Mose (Kapitel 25) verordnet wurde und nach ihrer Vorstellung vom Messias wieder reformiert und neu ausgerufen und umgesetzt würde. Christus beanspruchte mit diesen Worten nichts anderes, als genau diese Erwartungen durch seine messianische Sendung jetzt Wirklichkeit werden zu lassen. Damals wie heute: Ein Skandal, nur knapp konnte Jeshua nach dieser Behauptung dem wütenden Mob entkommen, der ihn für diese unerhörten Worte töten wollte. Warum, um alles in der Welt, reagiert seine Zuhörerschaft, die doch auf den Messias gewartet hat, mit so großem Zorn. Der Schlüssel scheint darin zu liegen, das Jeshua mit seiner Verkündigung des Erlassjahres die unmittelbaren Interessen der reichen Landbesitzer bedrohte.[74]

Als der MEISTER selbst einige Zeit später von einer Gruppe – die ihm zwar sehr nahe stand, aber immer noch über seine messianische Sendung stritt – gefragt wurde, ob er der verheißene ERLÖSER sei, antworte er:

> *Geht zurück zu Johannes und berichtet ihm, was ihr gesehen und gehört habt: Blinde sehen, Gelähmte gehen, Aussätzige werden gesund, Taube hören, Tote werden zum Leben erweckt und den Armen wird die gute Botschaft verkündet. Und sagt ihm weiter: `Gott segnet die, die keinen Anstoß an mir nehmen.´ (Mt 11,3-6)*

Wir sehen also, dass Jeshua sich selbst als die Erfüllung dieser Erlassjahrverheißungen verstand. Weiter stellen wir fest, dass Lukas das Evangelium mit zwei prophetischen Reden einleitet,

---

[74] André Trocmé, *Jeshua and the Nonviolent Revolution* (The Plough Publishing House: 2011) *Seite 14.*

die den Dienst Christi beschreiben sollten. In beiden Stellen wird das griechische Wort *lutrosis (erlösen, loskaufen) verwendet.* Bei der Begegnung mit dem frisch geborenen Christus prophezeit Zacharias freudig:

> *Gelobt sei der Herr, der Gott Israels, denn er ist zu seinem Volk gekommen und* ***hat es erlöst****. (Lk 1,68)*

Und von der Prophetin Hanna heißt es:

> *Allen, die auf* ***die verheißene Erlösung Israels*** *warteten, erzählte sie von Jesus. (Lk 2,38b)*

lutron – von dem sich unser Verb ableitet - ist das Lösegeld für einen Kriegsgefangenen, Sklaven oder aus einer Bürgschaft. Ein zeitgenössischer Jude hatte dabei vor allem die Erwartung der Erlösung von der Herrschaft der heidnischen Völker, die in messianischer Zeit ihrer Vorstellung nach in seinem Erlassjahr Wirklichkeit werden würden, vor Augen. Gerhart Kittel stellt fest: „Den für das NT entscheidenden Begriff der ERLÖSUNG VON DEN SÜNDEN“ kennt das Judentum nicht!“[75] Die Menschen zur Zeit Jesu verstanden unter Erlösung vor allem die Befreiung von unterdrückenden heidnischen Herrschern, Schulden und Knechtschaft und Sklaverei! Es ist schon erstaunlich, wie vor allem Lukas sein Evangelium mit der Erwartung des Erlassjahres einleitet.

Heute scheinen Christen von der anderen Seite des Pferdes herunter zu fallen, in dem sie das Erlassjahr Christi auf die (zweifellos wichtige, aber einseitige) ausschließliche Befreiung

---

[75] Kittel, Gerhard; „Theologisches Wörterbuch zum Neuen Testament“ Band L-N; Stuttgart 1966; Seite 352

von geistlicher Sünde reduzieren. Die Bedeutung, Erwartung und das Verständnis der messianischen Befreiung ging im Judentum und von den ersten Christen aber weit über das heutige christliche Verständnis hinaus! Auch die Qumrangemeinde – eine zeitgenössische gewichtige religiöse Splittergruppe – erwartete auf dem Hintergrund von 3. Mose 25 und Jesaja 61 das eschatologische Erlassjahr im Sinne einer umfassenden Befreiung durch den Messias.[76] Der MEISTER hat ein ganzheitliches Interesse an einem Menschen; ihm ausschließlich nur in seiner geistlichen Not zu begegnen und die natürlichen Nöte und Sorgen auf den Himmel zu vertrösten war ihm selber fremd! Für beides ist er in diese Welt gekommen, für beides möchte er seine Kirche sensibilisieren, die geistlichen und die natürlich Nöte, in beiden Fällen möchte er Befreiung schenken!

Jeshua erzählt in Matthäus 18,22-35 ein Gleichnis, in dem er von der Gnade eines Schuldenschnitts spricht. Ein König erließ einem Diener die unglaubliche Summe von 6000 Denar, wobei ein Denar einem Tageslohn entsprach! Nachdem dem Diener allerdings diese unglaubliche Gnade zu Teil wurde, ließ dieser

---

[76] „...[And it will be proclaimed at] the end of days concerning the captives as [He said, To proclaim liberty to the captives (Isa. 61.l). Its interpretation is that He] will assign them to the Sons of Heaven and to the inheritance of Melchizedek; f[or He will cast] their 5 [lot] amid the po[rtions of Melchize]dek, who will return them there and will proclaim to them will proclaim to them liberty, forgiving them [the wrong-doings] of all their iniquities. And the Day of Atonement is the e[nd of the] tenth [Ju]bilee, when all the Sons of [Light] and the men of the lot of Mel[chi]zedek will be atoned for. [And] a statute concerns them [to prov]ide them with their rewards. For this is the moment of the Year of Grace for Melchizedek. [And h]e will, by his strength, judge the holy ones of God, executing judgement as it is written concerning him in the Songs of David, who said, ELOHIM has taken his place in the divine council; in the midst of the gods he holds judgement [Ps 82:1]. ... And Melchizedek will avenge the vengeance of the judgements of God... and he will drag [them from the hand of] Belial" Quelle: *The complete Dead Sea scrolls in English Géza Vermès 1997; 11QMelch*

einen anderem der ihm die winzige Summe von 100 Denar schuldete ins Gefängnis werfen. Als diese Unbarmherzige Haltung dem König zu Ohren kam ließ er seinen Diener zu sich kommen und sprach:

> *Du herzloser Diener! Ich habe dir deine großen Schulden erlassen, weil du mich darum gebeten hast. Müsstest du da nicht auch mit diesem Diener Mitleid haben, so wie ich Mitleid mit dir hatte?*

Weiter heißt es dann in dem Text:

> *Der König war so zornig, dass er den Mann ins Gefängnis werfen ließ, bis er seine Schulden bis auf den letzten Pfennig bezahlt hatte. Genauso wird mein Vater im Himmel mit euch verfahren, wenn ihr euch weigert, euren Brüdern und Schwestern zu vergeben. (Mt 18,32-35)*

Anhand dieses Beispiels sehen wir, wie ganzheitlich Jeshua das Erlassjahr verstand, es ging ihm immer um Vergebung von sowohl geistlichen als auch materiellen Schulden. Vor allem in den Texten des Lukas erinnern viele Zitate Jesu an das Erlassjahr aus 3. Mose 25 und Jesaja 61:

> ***Macht euch keine Gedanken über eure Nahrung – was ihr essen oder trinken sollt. Macht euch keine Gedanken darüber, ob Gott euch damit versorgen wird*** *[...]. Verkauft, was ihr habt, und gebt es den Bedürftigen. Auf diese Weise sammelt ihr euch Schätze im Himmel! Und die Geldbörsen des Himmels haben keine Löcher. Dort ist euer Schatz sicher – kein Dieb kann ihn stehlen und keine Motte ihn zerfressen. Wo immer euer Reichtum ist, da wird auch euer Herz sein. (Lk 12,29-34)*

Jeshua scheint die Angst (im jetzt anbrechenden Erlassjahr) nicht versorgt zu werden, direkt aus 3. Mose 25 abzuleiten:

> *Aber vielleicht fragt ihr euch ja: »**Was sollen wir im siebten Jahr essen**, wenn wir nichts säen und keine Ernte einbringen dürfen?« Dann sollt ihr wissen: »Im sechsten Jahr **werde ich das Land euretwegen segnen, sodass der Ertrag, den es abwirft, euch für drei Jahre ausreicht** […]. (3.Mo 25,20f)*

Alleine in den Kapitel 4-19 des Lukas-Evangeliums geht es in 20 % der Verse um Geld und Besitz „[…] sehr oft im Sinne des rechten Umgangs damit, der sich praktisch ausschließlich in der Armenfürsorge zeigt."[77]

An keinem anderen Ereignis wie dem folgenden wird der ganzheitliche ERLASSANSATZ (geistliche- und materielle Not) so deutlich: Das Fest Pfingsten. Pfingsten ist der Geburtstag der christlichen Kirche, die DNS aller Frommen! Pfingsten hat mehrere wichtige Bedeutungen, die wir in unserem Zusammenhang kurz anreißen wollen. Pfingsten wurde zum einen als „Fest der Ernte, der Erstlinge deiner Früchte" bezeichnet. Das Wort Pfingsten bedeutet wörtlich „der fünfzigste (Tag)" – **der fünfzigste Tag** sollte die Juden einmal im Jahr an nichts Geringeres erinnerte, als an das **fünfzigste Jahr**, das verheißende Erlassjahr. Pfingsten, oder der fünfzigste Tag, war der **Jubeltag**, so wie das fünfzigste Jahr das **Jubeljahr** war. Zum anderen war es das Fest der Thora, denn Gott hatte Israel **50 Tage** nach der Überquerung des Roten Meeres die Zehn Gebote gegeben. Pfingsten ist das Fest, an dem Gott seine Gebote nicht

---

[77] Stefan Hochstrasser; Armut aus biblischer Sicht; STOP ARMUT 2015, August 2006

nur auf steinerne Tafeln, sondern in menschliche Herzen schreiben möchte, ein Fest der Erwartung auf Befreiung, ein Fest des Gedenkens an das Erlassjahr.

Die Apostelgeschichte, die uns von dem Geburtstag der Kirche berichtet, ist gewissermaßen die Forsetzung des Lukasevangeliums, beide Bücher sind von Lukas verfasst und wollen als Doppelwerk verstanden werden. Verkündigte Christus, dass der Heilige Geist auf ihm sei, um das Erlassjahr möglich zu machen, so wurde jetzt der Heilige Geist auf seine Kirche ausgegossen, um das Erlassjahr umzusetzen.

> *Die Gläubigen waren ein Herz und eine Seele; sie betrachteten ihren Besitz nicht als ihr persönliches Eigentum und teilten alles, was sie hatten, miteinander. Die Apostel bezeugten eindrucksvoll die Auferstehung von Jesus Christus, und mit ihnen war die große Gnade Gottes.* ***Armut gab es bei ihnen nicht****, weil die Leute, die Land oder Häuser besaßen, etwas von ihrem Besitz verkauften und das Geld den Aposteln brachten, damit sie es an die Bedürftigen verteilen konnten. Ein Beispiel dafür war Josef, den die Apostel Barnabas nannten (das bedeutet »Sohn des Trostes«). Er gehörte zum Stamm Levi und kam ursprünglich von der Insel Zypern. Josef verkaufte einen Acker, den er besaß, und brachte den Aposteln das Geld als Hilfe für die Bedürftigen. (Apg 4,32-37)*

Die Gläubigen erlebten nach der Predigt des Petrus Befreiung von ihren geistlichen Nöten und Sünden, sowie von ihren natürlichen Nöten und Sorgen. Das Erlassjahr wurde plötzlich praktisch! Das gelebte Erlassjahr war keine Auflösung von Besitz, wie sie in totalitären Staaten teilweise durch Enteignung durchgeführt wurde, sondern: *„die Gläubigen waren ein Herz und eine Seele; sie* ***betrachteten ihren Besitz nicht als ihr persönliches Eigentum*** *und teilten alles […].“* Christus hat nichts gegen Besitz, aber dieser verpflichtet! Er möchte durch seinen Geist Menschen dazu befreien, denselbigen zu teilen und nicht als persönliches Eigentum zu betrachten! Wie weit entfernt scheint die Kirche von heute von diesem Ideal entfernt zu sein? In den ersten drei bis vier Jahrhunderten jedenfalls scheint diese freiwillige Güterteilung unter den Gläubigen selbstverständlich gewesen zu sein.

> *„Der Starke sorge für den Schwachen, und der Schwache kümmere sich um den Starken; der Reiche unterstütze den Armen, der Arme aber danke Gott dafür, dass er jenem gegeben, wodurch seinem Mangel abgeholfen werde.“ (Kirchenvater Clemes von Rom um 100 n. Chr.)*[78]

> *„Denn niemand wird dazu genötigt, sondern jeder gibt freiwillig seinen Beitrag. Das sind gleichsam die Sparpfennige der Gottseligkeit. Denn es wird nichts davon für Schmausereien und Trinkgelage oder nutzlose Freßwirtschaften ausgegeben, sondern zum Unterhalt und Begräbnis von Armen, von elternlosen Kindern ohne Vermögen, auch für bejahrte, bereits arbeitsunfähige Hausgenossen, ebenso für Schiffbrüchige, […]. Aber sogar die Ausübung dieser hohen Art von Liebe drückt uns bei gewissen Leuten eine Makel auf. „Siehe", sagen sie,*

[78] Die apostolischen Kirchenväter. Aus dem Griechischen übersetzt von Dr. Franz Zeller. Oberpräzeptor in Riedlingen (Wttbg), Seite 50 (Kapitel 38, 2)

„wie sie sich untereinander lieben […].“ (Kirchenvater Tertullian um 200 n. Chr.)[79]

„Und so haben wir, die wir nach Geist und Seele innigst verbunden sind, keine Bedenklichkeit hinsichtlich der Mitteilung unserer Habe, Alles ist bei uns gemeinschaftlich, nur nicht die Weiber.“ (Kirchenvater Tertullian um 200 n. Chr.)[80]

„Denn wer Vermögen und Gold und Silber und Häuser als Gottes Gaben besitzt und Gott, der es gegeben hat, damit zum Wohl der Menschen dient und sich dessen bewußt ist, […] nicht ein Sklave seines Besitzes ist und ihn nicht in seinem Herzen trägt und ihn nicht zum Ziel und Inhalt seines Lebens macht, sondern immer auch ein edles und göttliches Werk zu vollbringen sucht und fähig ist […]: wer alle diese Eigenschaften hat, der wird von dem Herrn selig gepriesen und arm im Geiste genannt, würdig, ein Erbe des Himmelreiches zu werden, nicht ein Reicher, der das (ewige) Leben nicht gewinnen kann.“ (Kirchenvater Clemens von Alexandrien um 200 n.Chr.)[81]

---

[79] Übersetzt von Heinrich Kellner. „APOLOGETIKUM ODER VERTEIDIGUNG DER CHRISTLICHEN RELIGION UND IHRER ANHÄNGER.“ Apologetikum 39,1ff URL:http://www.tertullian.org/articles/kempten_bkv/bkv24_08_apologeticum.htm

[80] Übersetzt von Heinrich Kellner. „APOLOGETIKUM ODER VERTEIDIGUNG DER CHRISTLICHEN RELIGION UND IHRER ANHÄNGER.“ Apologetikum 39,11. URL: http://www.tertullian.org/articles/kempten_bkv/bkv24_08_apologeticum.htm

[81] Clemens von Alexandrien, Der Erzieher II-III; Welcher Reiche wird gerettet werden? 16,3

„Deswegen hat der Herr ... statt des Zehnten die Verteilung der gesamten Habe unter die Armen geboten und befohlen, nicht nur den Nächsten, sondern auch die Feinde zu lieben, nicht nur gute Geber und Verteiler zu sein, sondern freiwillige Geber gegen die, welche uns das Unsrige nehmen." (Kirchenvater Irenäus um 200nChr)[82]

*Um das Jahr 250 n. Chr. versorgte die Gemeinde in Rom 1500 bedürftige Menschen. Der Neutestamentler Martin Hengel schreibt, dass diese Art der gegenseitigen Hilfe im späten römischen Imperium einmalig war. Dass dieser verwandelte Lebensstil einen mächtigen Eindruck auf Außenstehende machte, wird deutlich an dem neidvollen Kommentar eines heidnischen Herrschers. Während seiner kurzen Regierungszeit (361-363 n. Chr.) versuchte Julian Apostata, das Christentum auszurotten. Aber er musste einem Mitheiden gegenüber zugeben, **„dass die gottlosen Galiläer (Christen) außer ihren Armen auch noch die unsrigen ernähren".** Ärgerlich musste er feststellen, dass der Heidenkult, den er versucht hatte wieder zu beleben, an der Aufgabe, den Armen zu helfen, erbärmlich gescheitert war."*[83]

Bis ins 12. Jahrhundert versuchte sich die Kirche gegen Überschuldung durch Predigtfeldzüge – in denen Bettelmönche

---

[82] Gegen die Häresien IV, xiv.3

[83] Ronald J. Sider, Der Weg durchs Nadelöhr: Reiche Christen und der Welthunger (Wuppertal: Aussaat Verlag 1978), Seite. 104 siehe auch: Martin Hengel, Eigentum und Reichtum in der frühen Kirche: Aspekte einer frühchristlichen Sozialgeschichte (Stuttgart: Calwer Verlag 1973), Seite 52.

von Stadt zu Stadt und Ort zu Ort gingen und gegen Wucherer predigten – zu wehren. Gläubigern drohte die Exkommunizierung; sie durften keine Sakramente mehr empfangen und auch nicht auf geweihter Erde beerdigt werden.[84] Nennen Sie mich naiv, aber ich träume heute von einer ähnlichen Predigtoffensive der Kirche in der westlichen Welt: Erlasst den Armen die Schulden! Mit welchem Recht knechten und sanktionieren sogenannte reiche Länder vermeintlich ärmere Länder, weil diese ihre Schulden nicht zurückzahlen können, wenn gleichzeitig dieselben „reichen Länder“ meist noch viel verschuldeter sind? Zum Vergleich: Das *arme Land* Griechenland war 2011 mit 349 Mrd. Euro, aber das *reiche Land* USA mit unglaublichen 12.563 Mrd. Euro verschuldet. Natürlich wird die Verschuldung immer auch durch die Wirtschaftsleistung des Landes relativiert,[85] aber moralisch wirklich überlegen sind die sogenannten reichen Länder allesamt selber nicht. Unsere Arroganz und Hartherzigkeit den *ersten* Schuldenopfern gegenüber wird sich rächen: Auch wir werden eines Tages einen Schuldenschnitt brauchen!

Wir kennen alle das Vaterunser, das bei genauerer Betrachtung auch Spuren vom Erlassgebot erhält. Das Vaterunser ist weltweit eines der Meist gebeteten Gebete sowie eines der leersten Versprechen der Betenden. Die Lutherbibel 1545 übersetzt: *„[...] vergib uns unsere Schulden, wie wir unsern Schuldigern vergeben.“* Es ist sicherlich so, dass sich die deutsche Sprache stark verändert hat und das Wort SCHULD

---

[84] David Graeber; „Schulden: Die ersten 5000 Jahre“; Klett-Cotta; Auflage: 1., Aufl. 2012; Seite 16

[85] USA 110% des BIP - 40275Euro pro Kopf; Griechenland 165% des BIP - 30928Euro pro Kopf

mehrdeutlich, sprich sowohl geistliche als auch materielle Schulden mit einschließt – aber eben diese Mehrdeutigkeit und Doppeldeutigkeit scheint heute für viele Fromme abhandengekommen zu sein: man verengt das Erlassjahr nur auf geistliche Schuld, sprich Vergebung von Sünde. Wir haben festgestellt, dass vor allem Lukas den Dienst Christi mit dem Erlassjahr in Verbindung brachte, auffällig ist in diesem Zusammenhang seine Wiedergabe des Vaterunseres, vor allem der folgende Vers enthält eine interessante Variante: *Und vergib uns unsere* ***Sünden****, denn auch wir vergeben jedem,* ***der uns etwas schuldig ist*** *[...]. (SCH; LK 11,4a)* Lukas deutet wie kein anderer der Evangelisten die Sündenvergebung Gottes als Aufruf und Begründung zum allgemeinen Schuldenerlass.

Im Griechischen heißt es: vergib uns unsere **SÜNDEN** (*hamartia*), wie wir **ERLASSEN** (*aphiomen*) die **SCHULDEN** (*opheilo*). Um die Brisanz dieser Stelle zu begreifen, ist es wichtig zu wissen, dass Lukas dieses Wort (SCHULDEN/*opheilo*) auch an anderen Stellen (7,41f und 16,7) verwendet und hier ausdrücklich von **materiellen Schulden** spricht.[86]

David Graeber (Autor des Buches „Schulden - Die ersten 5000 Jahre" sagte in einem Interview: „Es heißt, vergib uns unsere Schuld, wie auch wir vergeben unsern Schuldigern. Aber das ist natürlich offensichtlich ein Trick, weil wir unseren Schuld-

---

[86] Unmittelbar nach dem Vaterunser schließt sich bei Lukas ein Gleichnis über die Bereitschaft großzügig zu geben an. In der Auslegung des Gleichnisses nun verknüpft Lukas die Bereitschaft zu geben (ähnlich wie in LK 4,18) mit der Notwendigkeit, mit dem Heiligen Geist erfüllt zu sein. Immer wieder lässt Lukas einen Zusammenhang zwischen geisterfüllten Gläubigen und der Bereitschaft zu geben und zu teilen erkennen.

nern niemals vergeben."[87] Konsequenterweise dürfte also niemand, der gegen einen Schuldenerlass ist, das Vaterunser beten! Wie viele Politiker gebären sich zwar fromm, erfüllen aber gleichzeitig ihre eigenen im Vaterunser formulierten Versprechen vor Gott nicht?

Diese Logik durchzieht das lukanische Doppelwerk wie ein roter Faden:[88]

> *Darauf erzählte Jesus: Ein Mann lieh zwei Leuten Geld - dem einen fünfhundert Denare und dem anderen fünfzig. Als keiner der beiden ihm das Geld zurückzahlen konnte, erließ er ihnen ihre Schulden. Wer von den beiden liebte ihn danach wohl mehr? (Lk 7,41f)*

In dem weiteren Verlauf dieses Textes erklärt Jeshua Petrus, dass ein Mensch, dem Gott seine Sünden vergeben hat, dazu befreit wird, seinem Nächsten auch praktisch zu dienen. Was ist schiefgegangen in der Kirchengeschichte? Wenn es stimmt, dass der Geist des Herrn auf der Kirche ist, warum verkündigt sie dann keine gute Botschaft an die Armen, befreit keine Gefangenen, öffnet keine blinden Augen und ruft kein neues Erlassjahr aus (Lk 4,18-21)? Der MEISTER selbst hat den Frommen versprochen, dass alles, was sie auf Erden erlassen

---

[87] Samira Lazarovic „Der Anarchist und die SchuldenDavid Graeber ruft zum Ablassjahr auf“ URL: http://www.n-tv.de/wirtschaft/David-Graeber-ruft-zum-Ablassjahr-auf-article6372011.html (Stand: 29.5.2012)

[88]Ganz ähnlich argumentiert auch Trocome in seinem Buch, wenn er schreibt: „Thus, the Lord’s Prayer is truly jubilean. In this context, Jeshua’ listeners understood it to mean: “The time has come for God’s people to cancel all the debts that bind the poor because their debts to God have also been cancelled.” Jeshua was setting up a rigorous equation between practicing the Jubilee and the grace of God.” Quelle: Jeshua and Nonviolent Revolution, S. 28.

würden, auch im Himmel erlassen wäre (Mt 18,18) – der Schlüssel dazu ist Einheit und eine neue Pfingsterfahrung, die ich den Frommen von Herzen wünsche. Ich glaube, die Kirche braucht ein neues Pfingsten, eine Ausgießung des Heiligen Geistes, eine Austreibung des materialistischen Geistes Namens Mammon, der seine Kirche reitet und so eine Renaissance des Erlassjahres möglich macht. Liebe Kirche: Erwache und verändere das Gesicht dieser Welt noch einmal; wenn du es nicht tust, dann, befürchte ich, wird es ein anderer tun.

Unsere Kanzlerin Angela Merkel sagte bereits 2009, dass die Banken unseren Staat erpressen könnten.[89] Leider scheint unsere Politik trotz dieser Einsicht unfähig zu sein sich von diesen Fesseln zu befreien. Gerade die Kirchen wären eigentlich in der Pflicht, diese Kritik des MEISTERS unseren politischen Eliten so lange um die Ohren zu hauen, bis diese reformiert werden. Da die Idee des Erlassjahres in einem säkularen Staat sicherlich nicht eins zu eins zu übertragen ist, schließe ich mich Gerhard Schick, dem finanzpolitischen Sprecher der Grünen-Bundestagsfraktion an, der dafür plädiert, „die Grundidee des biblisches Erlassjahres auf die heutige Gesellschaft zu übertragen".[90] Auch David Graeber fordert in seinen aktuellem Buch dazu auf, von dem Erlassjahr der Bibel zu lernen: „Ich weise auf historische Lösungen für das Problem von Schuldenkrisen hin. Schon vor Tausenden von Jahren hat es in Mesopo-

---

[89] Die Aussage wurde in der Berliner Runde, direkt nach der Bundestagswahl 2009, am 29.09.2009 getätigt. http://www.youtube.com/watch?v=TsgaYtLf6yg

[90] Deutscher Katholikentag Mannheim 2012 e.V. "Erlassjahr" kein Mittel gegen Schuldenkrise" URL: http://www.katholikentag.de/aktuell_2012/politik_und_gesellschaft/freitag/politik_wirtschaft_schuldenstaat.html (Stand: 2012)

tamien immer wieder periodische Schuldenerlässe gegeben, ebenso wie in biblischen Zeiten das sogenannte Ablassjahr alle 7 bis 49 Jahre. Die Schulden wurden gemacht, angehäuft, führten zu Krisen und wurden schließlich erlassen. Und dann fing wieder alles von vorne an. Das war die ursprüngliche Idee. Das haben wir jahrtausendelang falsch verstanden."[91] Das Insolventsrecht darf nicht nur für Privatleute und Unternehmen gelten, sondern muss international auch auf Staaten und **vor allem auch auf Banken anwendbar sein**! Ich schließe mich daher der Forderung (wie sie z. B. von Sigmar Gabriel[92] gefordert wird) nach einem europäischen Bankeninsolvenzrecht an. Die Schuldenkrise in Europa drängt uns dazu, umzudenken und von dem alten MEISTER zu lernen.

Unethische Geschäfte

Nein, machen wir uns nichts vor, wir leben zwar in einer immer wieder als „christliches Abendland“ verklärten Kultur, die aber in ihrem Inneren längst ausgehöhlt antigöttlichen Prinzipien des Mammon folgt und dient. Hier werden Menschen zur Ware, zu Sklaven und zu Ressourcen reduziert. Ethische Maßstäbe und Rechte gelten nur für die Starken, die Schwachen haben das Nachsehen! Und wir - Sie und ich – sind nicht einfach nur Beobachter, sondern mittendrin! Wissen Sie z. B., was Ihre Bank, Ihr Fond, Ihre Lebensversicherung mit Ihrem Geld macht? Wissen Sie, worin sie Ihr Geld investiert? Wissen Sie, ob und wer mit Hilfe Ihres Geldes versklavt wird?

---

[91] Samira Lazarovic „Der Anarchist und die SchuldenDavid Graeber ruft zum Ablassjahr auf“ URL: http://www.n-tv.de/wirtschaft/David-Graeber-ruft-zum-Ablassjahr-auf-article6372011.html (Stand: 29.5.2012)

[92] Tagesschau.de “SPD plant Wahlkampf gegen Auswüchse des Bankenwesens“ URL: http://www.tagesschau.de/inland/spdwahlkampf106.html (Stand: 21.07.2012)

Geschäfte im Dunkeln: Die Auswertung der Geschäftsberichte ergab: Fast alle Banken unterhalten zahlreiche Zweckgesellschaften, haben Tochter- und verbundene Unternehmen in sogenannten Schattenfinanzplätzen oder „Steueroasen“. Nach den Kriterien des Netzwerks Steuergerechtigkeit führen Delaware in den USA, Luxemburg, die Schweiz und die Cayman Islands die schwarze Liste an. Allein dem deutschen Fiskus entgehen durch die Steuerfluchtplätze jährlich je nach Schätzung 30 bis 100 Milliarden Euro. Die schwache Regulierung in diesem Bereich ermöglicht zudem besonders gefährliche Finanztransaktionen. Die Deutsche Bank betreibt mehr solcher Niederlassungen in Delaware (USA) als in ganz Deutschland, und auf den Cayman Islands immer noch mehr als am Konzernsitz Frankfurt am Main.

Tödliche Investitionen: Die NGO *Urgewald* hat in mehreren Studien nachgewiesen, welche Banken Geschäfte mit der Atom- und Rüstungsindustrie machen.[93] Das bittere Ergebnis: Fast alle. Der japanische Betreiber des AKW Fukushima, Tepco, konnte trotz seiner schon 2002 bekannten groben Verstöße gegen Sicherheitsauflagen auf Finanzierungen von Deutscher Bank, West-LB und der niederländischen ING bauen. Milliardenschwer sind die Atominvestitionen von Deutscher Bank und Commerzbank, aber auch die Unicredit und etliche Landesbanken. Die Rüstungsindustrie kann ebenfalls auf Geld deutscher Banken setzen – und das selbst dort noch, wo in-

---

[93] Urgewald; „Die strahlenden Banken“ URL: http://urgewald.org/kampagne/radioaktive-bank/die-strahlenden-banken (Stand: 2011)

ternationale Ächtungen ausgesprochen wurden, wie bei der Streubombenmunition.[94]

Geschäfte mit dem Hunger: 2008 bekamen viele Menschen weltweit die Auswirkungen der – auch aufgrund der Immobilienkrise – verschärften Spekulation mit Agrarrohstoffen zu spüren. Die Preise für Grundnahrungsmittel gingen durch die Decke, in 30 Ländern kam es zu Hungeraufständen. Wir hatten damals eine Familie in unserer Kirchengemeinde, die Verwandte auf den Philippinen unterstützen mussten, da diese sich das Essen nicht mehr leisten konnten. Obwohl der Preisanstieg auf mehrere Gründe zurückzuführen ist, sind Maß und Plötzlichkeit nur durch die massiven Preiswetten an den Finanzmärkten zu erklären. *„Als Folge der Preisexplosion bei Nahrungsmitteln im zweiten Halbjahr 2010 sind nach Angaben der Weltbank zusätzlich 44 Millionen Menschen verarmt und unterernährt."*[95] Zaghaft hat in der Politik eine Diskussion über eine nötige Regulierung begonnen. Dies kümmert viele Banken aber wenig. Commerzbank und Hypovereinsbank, Deutsche Bank und die Landesbank Baden-Württemberg, die DZ-

---

[94] Facing Finance, Finanzmärkte im Visier. „Geschäftsbeziehungen deutscher Finanzdienstleister zu Herstellern von Streumunition

(Stand 02/2012)" URL: http://www.facing-finance.org/wp-content/blogs.dir/16/files/2012/03/Gesch%C3%A4ftsbeziehungen-deutscher-Banken-zu-Herstellern-von-Streumunition-03-2012.pdf (Stand: 02.1012) und Stiftung Warentest. Test.de. „Streubomben in Riester-Verträgen: Auf vermintem Gelände" URL: http://www.test.de/geldanlage-banken/tests/Streubomben-in-Riester-Vertraegen-Auf-vermintem-Gelaende-4180804-4188157/ (Stand 04.01.2011)

[95] Attac. "Hungerkrisen vermeiden – Schäuble muss Spekulation mit Nahrungsmitteln stoppen" URL: http://www.attac.de/aktuell/neuigkeiten/detailansicht/datum/2012/04/09/hungerkrisen-vermeiden-schaeuble-muss-spekulation-mit-nahrungsmitteln-stoppen-1/?no_cache=1&cHash=eeabc266313420011e571ce964c33973 (Stand 09.04.2012)

Bank der Volksbanken sowie die Dekabank der Sparkassen bieten Wetten auf die Preisentwicklungen von Nahrungsmitteln an. Die Deutsche Bank ließ 2008 sogar Postkarten auf Brötchentüten kleben, mit denen sie für einen ihrer Agrarfonds warb. „Die Preise für die Getreidearten Weizen, Reis und Mais stiegen von 2000 bis Frühjahr 2011 im Durchschnitt um 150 Prozent.“[96]

Was hatten wir gelesen? *„Dein Geld gib ihm nicht auf Zins und* ***um Mehrung gib ihm nicht deine Nahrungsmittel.*** *" (3.Mo 25,37)*

Prinzipien Gottes, Prinzipien der Menschlichkeit, Menschenrechte (das Recht auf Nahrung) werden der Profitmaximierung – der GIER – wegen offen mit Füßen getreten! Ein perverses Spiel, ein Spiel, mit dem wir Christen nichts zu tun haben sollten und gegen das wir unsere Stimme erheben müssen.

Die evangelische Kirche in Deutschland hat unlängst einen Leitfaden für ethische Geldanlagen herausgegeben. Ulrich Duchrow, ein evangelischer Theologe, schreibt dazu:

> *„Bisher haben die Kirchen Wirtschaftsfragen gerne den Experten überlassen. Daher ist es ein leichter Fortschritt, dass man sich jetzt einmal theologisch mit dem Thema Wirtschaft auseinandersetzen will. Inhaltlich ist der Leitfaden aber sehr schwach. Es gibt keinerlei Systemkritik. Ebenso fehlt eine grundsätzliche Aussage zum Thema Zins. Auch weist die EKD-Schrift nicht auf die 35 alternativen Banken in Europa hin. Dabei könnte die Kirche*

[96] Rudolf Hickel; „Zerschlagt die Banken. Entmachtet die Finanzmärkte. Eine Streitschrift“; Berlin; Ullstein Buchverlag 2012; Seite 90

wirklich Vorreiter sein beim Thema ethische Geldanlage und viel dazu beitragen, dass Geld wieder eine dienende Funktion bekommt. Stattdessen bleibt die Kirche aber vollständig im System angesiedelt und legt sich nicht mit den Mächtigen an."[97]

Das sollen wir ändern: Meiner alten Bank – der Postbank (jetzt von der Deutschen Bank gekauft) – habe ich beispielsweise persönlich den Rücken gekehrt und bin zu einer ethischen Bank gewechselt. Einen Abschiedsbrief an meine alte Bank und auch an Herrn Ackermann konnte ich mir nicht verkneifen. Wir sollten etwas ändern! Wir können etwas ändern! Sind Sie dabei? Wenn auch Sie über einen Bankenwechsel nachdenken oder sich erst einmal weiter zu diesem Thema informieren wollen, dann empfehle ich Ihnen die Internetseite www.attac.de/bankwechsel für einen ersten Einstig in das Themenfeld. Jeshua Christus lädt uns dazu ein. Ihm wurde vor rund 2000 Jahren eine alte Schriftrolle vom Propheten Jesaja gereicht, wir lesen davon in Lukas 4,17-21:

Man reichte ihm die Schriftrolle des Propheten Jesaja, und als er sie aufrollte, fand er die Stelle, an der steht: »Der Geist des Herrn ruht auf mir, denn er hat mich gesalbt, um den Armen die gute Botschaft zu verkünden. Er hat mich gesandt, Gefangenen zu verkünden, dass sie freigelassen werden, Blinden, dass sie sehen werden, Unterdrückten, dass sie befreit werden und dass die Zeit der Gnade des Herrn gekommen ist.« Er rollte die

[97] welt-sichten. Magazin für globale Entwicklung und ökumenische Zusammenarbeit "Christen und Muslime diskutieren über den Kapitalismus" URL: http://www.welt-sichten.org/artikel/art-11-011/in-den-sumpf-der-gier-geraten.html (Stand: 11.2011)

> *Schriftrolle zusammen, gab sie dem Synagogendiener zurück und setzte sich. Alle in der Synagoge sahen ihn an. Und er sagte: »Heute ist dieses Wort vor euren Augen und Ohren Wirklichkeit geworden!« (Lk 4,17-21)*

Christus ist auf diese Erde gekommen, um die geistlichen und irdischen Machtverhältnisse zu ändern und eine neue Zeit zu verkündigen: Eine Zeit des Schuldenschnittes, ein Jubeljahr, ein Jahr der Gnade, der Befreiung und der Heilung. Wir haben am Anfang unserer Zeitreise festgestellt, dass das Grundübel aus dem Inneren des Menschen selbst kommt – die GIER ist tief in unseren Herzen verankert! Genau dasselbe sagt auch Jeshua:

> *Und er fuhr fort: »Es sind seine Gedanken, die den Menschen verunreinigen. Denn von innen, aus dem Herzen eines Menschen, kommen böse Gedanken wie Unzucht,* ***Diebstahl, Mord****, Ehebruch,* ***Habgier, Bosheit, Hinterlist, Vergnügungssucht****,* ***Neid****, Verleumdung,* ***Stolz*** *und* ***Unvernunft****. Alle diese üblen Dinge kommen von innen heraus; sie sind es, die den Menschen unrein machen.« (Mk 7,20-23)*

Die Bibel stellt fest, dass wir alle Gefangene unserer eigenen Abgründe sind. Aber Gott lässt uns damit nicht alleine, er bietet uns Befreiung von unseren eigenen Egoismen und Abgründe des Herzens an – er bietet uns ein neues Herz. Das Jubeljahr, die Zeit der Gnade, lädt uns ein zu Jeshua zu kommen und eine neue Welt, das Reich Gottes, hier auf Erden Stück für Stück Wirklichkeit werden zu lassen (fangen wir damit zunächst in unserem eigenen Herzen an).

Sozialethik

Zu Anfang möchte ich eine kleine Anekdote erzählen und Sie bitten, bevor Sie zu schnell weiterlesen, einmal kurz darüber nachzudenken:

In einem Park sitzen zwei Männer auf einer Bank und unterhalten sich. Fragt der eine den anderen: „Sag mal, wenn du Gott eine Frage stellen könntest, was würdest du ihn fragen?" „Hmm ..." meinte der andere und fuhr fort: „... wenn ich Gott eine Frage stellen könnte, dann würde ich ihn fragen, warum er all das Unrecht und Leid in dieser Welt zulässt!" Da meinte der andere zu ihm: „Und warum fragst du Gott diese Frage nicht?" „Weil ich Angst davor habe, dass Gott mich das Gleiche fragen würde!"[98]

Im Lukasevangelium ist uns eine Begebenheit überliefert worden, in der ein Gesetzeslehrer – also ein sehr gebildeter und frommer Mann – zu Jeshua kommt und diesen aus scheinbar nicht ganz koscheren Motiven fragt, was man tun müsse, um in den Himmel zu kommen.

> *Da kam ein Gesetzeslehrer und wollte Jesus auf die Probe stellen; er fragte ihn: »Lehrer, was muss ich tun, um das ewige Leben zu bekommen?« Jesus antwortete: »Was steht denn im Gesetz? Was liest du dort?« Der Gesetzeslehrer antwortete: »Liebe den Herrn, deinen Gott, von ganzem Herzen, mit ganzem Willen und mit aller deiner Kraft und deinem ganzen Verstand! Und: Liebe deinen Mitmenschen wie dich selbst!« »Du hast richtig*

---

[98] Shane Claiborne, *The Irresistible Revolution: Living as an Ordinary Radical*, (Zondervan: 2006), Seite 65.

> *geantwortet«, sagte Jesus. »Handle so, dann wirst du leben«.* (GNB; Lk 10,25-28)

Diese Bibelstelle ist Ihnen vielleicht bekannt. Jeshua spricht hier über die Nächstenliebe. Im Matthäusevangelium wird uns die Gleiche oder eine ähnliche Begebenheit überliefert. Hier setzt der MEISTER aber noch einmal theologisch einen riesigen Stein des Anstoßes oben drauf:

> *[...] »'Liebe den Herrn, deinen Gott, von ganzem Herzen, mit ganzem Willen und mit deinem ganzen Verstand!' Dies ist das größte und wichtigste Gebot. Aber* ***gleich wichtig*** *ist ein zweites: 'Liebe deinen Mitmenschen wie dich selbst!' In diesen beiden Geboten ist alles zusammengefasst, was das Gesetz und die Propheten fordern.«* (GNB; Mt 22,37-40)

Hätte Jeshua das nicht gesagt, würden viele Fromme wahrscheinlich aufschreien und behaupten, dass die Liebe zu Gott natürlich viel wichtiger sei als die Liebe zu den Mitmenschen! Aber Jeshua widerspricht hier jedem, der dieser Meinung ist, und sagt eindeutig: ... seinen Mitmenschen zu lieben ist genauso wichtig!

Und als Christ macht das ja auch totalen Sinn. Dieses wissen und haben – hoffentlich – alle begriffen, dass Gottes Passion, Leidenschaft und Liebe nun mal Menschen sind! Gott liebt uns Menschen, er hat alles für uns gegeben. Gott zu lieben und das zu verachten, was er liebt, schließt sich gegenseitig aus und passt nicht zusammen. Wenn ich Gott liebe, dann muss ich auch das lieben, was er liebt: meine Mitmenschen!

Das, was die Gute Nachricht-Übersetzung hier mit *Mitmenschen* übersetzt hat, ist in vielen älteren Übersetzungen mit

Nächsten übersetzt worden. Unter dem Nächsten verstanden viele zur Zeit Jesu, Menschen aus dem eigenen Volk – ein vernünftiger, frommer Jude kümmerte sich nicht um Heiden! Heiden sind keine Mitmenschen, sondern eben Heiden! Und so stellte jener Gesetzeslehrer Jeshua diese entscheidende Frage: Wer ist denn nun mein Nächster? Wir kennen alle diese Geschichte, wollen sie aber doch noch einmal zusammen lesen und im Anschluss auf unsere heutige Situation übertragen:

> *Aber dem Gesetzeslehrer war das zu einfach, und er fragte weiter: »Wer ist denn mein Mitmensch?« Jesus nahm die Frage auf und erzählte die folgende Geschichte: »Ein Mann ging von Jerusalem nach Jericho hinab. Unterwegs überfielen ihn Räuber. Sie nahmen ihm alles weg, schlugen ihn zusammen und ließen ihn halb tot liegen. Nun kam zufällig ein Priester denselben Weg. Er sah den Mann liegen und ging vorbei. Genauso machte es ein Levit, als er an die Stelle kam: Er sah ihn liegen und ging vorbei. Schließlich kam ein Reisender aus Samarien. Als er den Überfallenen sah, ergriff ihn das Mitleid. Er ging zu ihm hin, behandelte seine Wunden mit Öl und Wein und verband sie. Dann setzte er ihn auf sein eigenes Reittier und brachte ihn in das nächste Gasthaus, wo er sich weiter um ihn kümmerte. Am anderen Tag zog er seinen Geldbeutel heraus, gab dem Wirt zwei Silberstücke und sagte: 'Pflege ihn! Wenn du noch mehr brauchst, will ich es dir bezahlen, wenn ich zurückkomme.'« »Was meinst du?«, fragte Jesus. »Wer von den dreien hat an dem Überfallenen als Mitmensch gehandelt?« Der Gesetzeslehrer antwortete: »Der ihm geholfen hat!« Jesus erwiderte: »Dann geh und mach du es ebenso!«* (GNB; Lk 10,29-37)

Eine Geschichte, ein Gleichnis, das heute zur Weltliteratur gehört. Wir sprechen vom barmherzigen Samariter, Hilfsorganisationen geben sich diesen Namen. Aber wir verklären das Bild dabei all zu schnell. Was war denn ein Samariter in den Augen eines Juden? Die Samariter waren für einen Juden keine Heiligen, im Gegenteil! Ein Samariter war in den Augen der Juden ein Ketzer!

Samariter beteten Gott an einem falschen Ort an. Samariter pilgerten zu den falschen Stellen. Das heilige Buch der Samariter enthielt nur einen Bruchteil von dem, was im Alten Testament stand! Samariter lehnten für Israel entscheidende Propheten ab, Samariter waren keine Juden, sie diente in den Augen der Juden einem anderen Gott!

Kleiner Gedanke am Rande: Der Samariter kümmert sich nicht um alles persönlich. Er delegiert die Hilfe für den Ausgeraubten auch durch die Bezahlung eines Mannes seines Vertrauens. Das ist etwas, das wir auch auf jeden Fall tun können. Die wenigsten von uns können z. B. durch persönliches Engagement in Afrika als Wohltäter auftauchen, aber durch unsere Spenden an Hilfsorganisationen unseres Vertrauens können wir diese Dinge – genauso wie es der Samariter eins auch tat – delegieren.

Die **Leviten** und **Priester** hingegen waren anerkannte Juden! Die Leviten waren der Stamm der Priester und der Priester war ein amtierender Levit, beiden, den amtierenden und ethnischen Leviten, zollte man viel Achtung! Warum halfen die beiden aber nicht? Nun, die Exegeten streiten sich darüber, zum einen könnten sie Angst gehabt haben zu helfen, weil sie vielleicht befürchteten, dass die Räuber noch in der Nähe waren und sie lieber ihre eigene Haut retten wollten, als Zivilcourage – so nennen wir das heute – zu beweisen. Zum anderen ist es auch möglich, dass sie sich – das könnte vor allem für den amtierenden Leviten, den Priester, gegolten haben – verunreinigen. Für einen Juden galten Tote als unrein und durften nicht berührt werden, da man sonst selber – zumindest für eine gewisse Zeit – als unrein galt. Wie dem auch sei. Diese beiden frommen Männer, die mit Sicherheit jeden Tag ihre Gebete verrichteten und die man auch im Tempel treffen konnte, halfen dem Ausgeraubten und Elendem nicht! Der Heide, der Ketzer, der half, zeigte sich mitmenschlich und soll uns ein Vorbild sein. Wenn Jeshua dieses Gleichnis heute erzählen würde, welche Personen würde er dann heute in seinem Gleichnis verwenden? Nun, der ausgeraubte und Kranke könnte jeder sein, der Ähnliches heute erlebt, seinen Arbeitsplatz verloren hat, betrogen wurde. Es könnten aber auch jene Teenager sein, die in der Münchner S-Bahn bedroht und verprügelt wurden. Es könnte aber auch ein Schwarzafrikaner sein, der gerade an die Küste Europas gespült wurde – mehr tod als lebendig.

Man sieht auf einem preisgekrönten Bild einen Schwarzen, der an einen schönen Strand gespült wurde. Im Hintergrund sind sonnenbadende Touristen zu sehen. Vielleicht haben sie den Todeskampf dieses Mannes wirklich nicht gesehen, vielleicht wollten sie es aber auch schlicht nicht!

Es könnte aber auch – und jetzt komme ich auf meine unorthodoxe Begrüßung in einem unserer Gottesdienste zurück – eines dieser hundertausenden Kinder sein, die 80 Stunden für einen Hungerlohn schuften, dabei mit Gefahrenstoffen in Berührung kommen, die in Europa schon lange verboten sind, und unsere Klamotten herstellen. Es könnte irgendeiner sein, vor dem wir so oft unsere Augen verschließen...

Wer könnten die zwei sein, die vorbeigehen? Ein Pastor, ein Kirchenchorleiter, ein Kirchenvorstandsmitglied, ein Kirchenmitglied im Allgemeinen? Vermutlich.

Wer könnte der provozierende Vierte in der Geschichte sein, der Ketzer, der dem falschen Gott dient und die Bibel nur in verfälschten Teilen kennt? Für einen Frommen Christen könnte es vielleicht ein Zeuge Jehovas oder ein Muslim sein? Die Islamfeidlichkeit scheint mir zur Zeit sehr salonfähig zu sein, jeder darf mal draufhauen, daher denke ich, dass Jeshua wahrscheinlich Letzteren als Beispiel genommen hätte und uns dann damit entlassen würde, von der Nächstenliebe dieses Heiden zu lernen.

Verstehen Sie mich nicht falsch, ich will ja auch niemanden ärgern. Aber folgende Frage in den Raum stellen will ich schon: Hat die Nächstenliebe für die Frommen den gleichen Stellenwert wie die Anbetung Gottes? Ist uns bewusst, dass Dienst am Nächsten ein Gottesdienst ist?

> *Genauso muss auch euer Licht vor den Menschen leuchten: Sie sollen eure guten Taten sehen und euren Vater im Himmel preisen.* (GNB; Mt 5,16)
>
> Und *[...] an eurer Liebe zueinander werden alle erkennen, dass ihr meine Jünger seid.* (GNB; Joh 13,35)

Nächstenliebe, Mitmenschlichkeit, gute Taten, Barmherzigkeit gegenüber den Elenden und Unterdrückten dürfen als Kennzeichen einer christlichen Gemeinde nicht fehlen! Ansonsten ist alles andere für die Katz!

Der Herr sagt: »Rufe, so laut du kannst! Lass deine Stimme erschallen wie eine Posaune! Halte meinem Volk, den Nachkommen Jakobs, ihr Unrecht und ihre Vergehen vor! Sie fragen mich Tag für Tag, warum ich sie solche Wege führe. Wie ein Volk, das sich an das Recht hält und meine Gebote befolgt, fordern sie von mir, dass ich zu ihrer Rettung eingreife, und wünschen sich, dass ich ihnen nahe bin. 'Was für einen Sinn hat es', jammern sie, 'dass wir Fasttage abhalten und deinetwegen Entbehrungen auf uns nehmen? Du beachtest es ja gar nicht!' Darauf sage ich, der Herr: Seht doch, was ihr an euren Fasttagen tut! Ihr geht euren Geschäften nach und beutet eure Arbeiter aus. Ihr fastet zwar, aber ihr seid zugleich streitsüchtig und schlagt sofort mit der Faust drein. Darum kann euer Gebet nicht zu mir gelangen. Ist das vielleicht ein Fasttag, wie ich ihn liebe, wenn ihr auf Essen und Trinken verzichtet, euren Kopf hängen lasst und euch im Sack in die Asche setzt? Nennt ihr das ein Fasten, das mir gefällt? Nein, ein Fasten, wie ich es haben will, sieht anders aus! Löst ***die Fesseln der Gefangenen***, *nehmt das* ***drückende Joch von ihrem Hals, gebt den Misshandelten die Freiheit*** *und macht* ***jeder Unterdrückung ein Ende****! Ladet* ***die Hungernden an euren Tisch***, *nehmt die* ***Obdachlosen in euer Haus auf***, *gebt denen,* ***die in Lumpen herumlaufen, etwas zum Anziehen*** *und helft* ***allen*** *in eurem Volk,* ***die Hilfe brauchen****! Dann strahlt euer Glück auf wie die Sonne am Morgen und eure Wunden heilen schnell; eure guten Taten gehen euch voran und meine Herrlichkeit folgt euch als starker Schutz. Dann werdet ihr zu mir rufen und ich werde euch antworten; wenn ihr um Hilfe schreit, werde ich sagen: 'Hier bin ich!' Wenn ihr aufhört, andere zu un-*

terdrücken, mit dem Finger spöttisch auf sie zu zeigen und schlecht über sie zu reden, wenn ihr den Hungernden zu essen gebt und euch den Notleidenden zuwendet, dann wird eure Dunkelheit hell werden, rings um euch her wird das Licht strahlen wie am Mittag. Ich, der Herr, werde euch immer und überall führen, auch im dürren Land werde ich euch satt machen und euch meine Kraft geben. Ihr werdet wie ein Garten sein, der immer genug Wasser hat, und wie eine Quelle, die niemals versiegt. Was seit langer Zeit in Trümmern liegt, werdet ihr wieder aufbauen; auf den alten Fundamenten werdet ihr alles von neuem errichten. Man wird euch das Volk nennen, das die Lücken in den Stadtmauern schließt und die Stadt wieder bewohnbar macht.« (GNB; Jes 58,1-12)

Was für ein Text, was für eine Verheißung! Über die frühen Gemeinden in Jerusalem und Rom wir gesagt, dass sie bis zu 1500 Menschen am Tag mit Nahrung versorgten!

Was seit langer Zeit in Trümmern liegt, werdet ihr wieder aufbauen; auf den alten Fundamenten werdet ihr alles von neuem errichten. Man wird euch das Volk nennen, das die Lücken in den Stadtmauern schließt und die Stadt wieder bewohnbar macht.

Hören wir den verzweifelten kritischen Ruf des MEISTERS? Die Kirche sollte wieder auf dieses Fundament der Liebe für die Elenden aufbauen und die Stadtmauern schließen und die Stadt/ die Kirche wieder bewohnbar machen. All ihr Frommen im Lande: Lasst die Gemeinde wieder zu einem Ort werden, an dem sich die Elenden wohl fühlen!

Eine herausfordernde Sache, oder? Kirchenkonzerte, Sonntagmorgengottesdienst, Gebete, Fasten ohne Nächstenliebe sind dem gelesenen Text und Urteil des MEISTERS zufolge nur Lärmbelästigung im Himmel!

> *... Löst **die Fesseln der Gefangenen**, nehmt das **drückende Joch von ihrem Hals, gebt den Misshandelten die Freiheit** und macht **jeder Unterdrückung ein Ende**! Ladet **die Hungernden an euren Tisch**, nehmt die **Obdachlosen in euer Haus auf**, gebt denen, **die in Lumpen herumlaufen, etwas zum Anziehen** und helft **allen** in eurem Volk, **die Hilfe brauchen**! Dann strahlt euer Glück auf wie die Sonne am Morgen und **eure Wunden heilen** schnell; eure guten Taten gehen euch voran und meine Herrlichkeit folgt euch als starker Schutz ...*

„... eure Wunden heilen schnell". Ganz oft ist zu hören, dass man selber erst mal seinen Kram erledigen, seine Verletzungen überwinden müsse etc. Erst danach wäre man in der Lage, sich um die anderen zu kümmern. Was für ein Unsinn. Nächstenliebe ist nicht nur konkrete Hilfe für den Nächsten, sondern auch Balsam für unsere eigenen Seelenwunden! Hier ist eine geheimnisvolle Verheißung Gottes zu entdecken!

Gott ergreift Partei[99]

Als Christen wissen wir, dass Gott grundsätzlich alle Menschen liebt und dass es bei IHM kein Ansehen der Person gibt. Doch eine andere Wahrheit scheint uns dabei etwas aus dem Sichtfeld geraten zu sein: GOTT IST NICHT NEUTRAL! Er bezieht

---

[99] Der folgende Beitrag ist ein Gastbeitrag von Pastor Uwe Schäfer, Erstveröffentlichung in der Zeitschrift *GEISTbewegt! Aktuelles aus dem BFP – Zeitschrift des Bundes Freikirchlichen Pfingstgemeinden KdöR; 1-2012*:

Position und stellt sich ganz klar auf eine Seite, was auch bedeutet, dass er sich gegen eine andere Seite positioniert. Die Seite, auf der Gott steht, ist eindeutig: die Schwachen, Armen, Versklavten und Unterdrückten.

„Selig seid ihr Armen – wehe euch, ihr Reichen, selig, die ihr jetzt hungert – wehe euch, die ihr jetzt satt seid“, so stellt Jeshua in seiner Feldrede heraus, auf welcher Seite Gott steht. „... gesandt um den Armen frohe Botschaft zu verkündigen!“ – So beschreibt er seinen messianischen Auftrag.

Es ist eine echte Verkürzung des Evangeliums, diese seliggepriesene Armut nur als „geistliche Armut“ deuten zu wollen. Wer das tut, ignoriert dabei das gesamte Lukasevangelium. Dort finden wir u. a. die Geschichte vom reichen Mann und dem armen Lazarus und gutes Anschauungsmaterial darüber, was Jeshua mit seinen Seligpreisungen und Weherufen gemeint hat. Gott sieht den Menschen ganzheitlich, kümmert sich um all seine Bedürfnisse und nicht nur um die Seele.

Mose hatte eine klare Entscheidung zu treffen: sich auf die Seite derer zu schlagen, die Gott erwählt hat. Dazu gehörte es, echte Nachteile in Kauf zu nehmen, in dem Wissen, dass es sich in Ewigkeit lohnen würde auf der Seite Gottes gestanden zu haben und allen temporären Verlust mit Freude dafür in Kauf zu nehmen. Man darf dabei nicht vergessen, dass Mose ja zu dem Teil der Gesellschaft gehörte, die Nutznießer der Versklavung des hebräischen Volkes waren.

Wenn wir zurückschauen auf vergangene Epochen, in denen Unrecht herrschte, bekämpft und überwunden wurde, fällt es uns nie schwer, uns richtig zu positionieren. Als Christen aller Konfessionen führen wir gern die Zitate Bonhoeffers im Mund,

und wären wir heute im Dritten Reich, so stünden wir alle mit ihm im Widerstand, richtig??? Jemand sagte mal: „Die mutigsten Sprüche werden zumeist an den sichersten Orten geklopft!“ – und das ist wohl leider wahr. Tatsache ist, nur sehr wenige Christen standen damals auf der richtigen Seite. Es gäbe viele andere Beispiele aus der Geschichte zu nennen ... Sklavenbefreiung, Frauenrechte, etc. ..., wo die Gemeinde Jesu zum größten Teil auf Seiten der Mächtigen und Ausbeutenden stand, oder zumindest geschwiegen hat und alle Vorteile des Unrechtssystems in Kauf nahm.

Christen sind oft freigiebige Menschen, und das ist gut so. Wenn uns die Not der Armen vor die Augen gestellt wird, sind die Opferkörbe gut gefüllt. Was Christus aber von uns will, geht darüber hinaus. Gott hat die Armen erwählt und stellt sich auf ihre Seite, und genau das sollte seine Gemeinde auch tun. Mose sammelte kein Geld für die leidenden Israelis, sondern wechselte die Seite. Wer Brot unter den Armen verteilt, wird bald ein Heiliger genannt werden. Wer sich aber auf die Seite des Armen stellt, seinen Schmerz, seine Wut und seine Trauer spürt und teilt, wer behauptet, dass Armut angesicht des Reichtums ein Unrecht ist, und wer bereit ist, dieses Unrecht zu bekämpfen, der wird schnell Sympathien verlieren. Nein, wir gefallen uns oft besser in der Rolle der Gutmenschen, die sich gönnerhaft über die Armen erbarmen.

Was sollen wir tun, und was wünscht sich Gott von uns? Sozialwerke gründen? Opfer sammeln? Suppenküchen einrichten? Alles ganz wunderbare Dinge, aber damit geht es nicht los. Es beginnt mit unseren Herzen, die wir Gott hinhalten dürfen, damit er sie ändert. Dann werden wir uns von Herzen neu positionieren können, so wie Mose es tat, und die Armut dieser Welt nicht länger nur als „traurig“ ansehen, sondern sie als ein zum Himmel schreiendes Unrecht begreifen und uns davon tief treffen lassen. Sind die Herzen erst verändert, wird es an guten Projekten, Aktionen und Ideen nicht mangeln.

Wer ist der Reiche?

Reich wird man erst durch Dinge, die man nicht begehrt. (Mahatma Gandhi)

Deutschland ist ein reiches Land. Gemessen an der Armut in der Dritten Welt, geht es selbst den ärmsten unseres Landes immer noch relativ gut. Wir sprechen daher in der Soziologie von relativer Armut. Armut und Reichtum ist immer eine Frage von dem Kontext. *Unter den Blinden ist der Einäugige König!* Wir wollen es aber nicht zu kompliziert machen und uns zunächst die Frage nach Armut und Reichtum in unserem gesellschaftlichen Kontext – ich bin mir der Wiederholung dieser Frage bewusst – klären:

Wer ist arm? Als arm gilt man in Deutschland, wenn man pro Monat rund 600 Euro oder weniger zur Verfügung hat. Für Paare sind es 1050 Euro (+ pro Kind 300 Euro monatlich). Ein persönliches Einkommen bis zu den genannten Höhen gilt als Existenzminimum.[100]

Wer ist reich? Als reich gilt in den Ländern der EU, wer mindestens 200 Prozent des mittleren Einkommens hat. Bei einem

[100] Weltfokus.de „Ab wann ist man arm? Welches monatliche Einkommen gilt als Armutsgrenze“ URL: http://www.weltfokus.de/ab-wann-ist-man-arm-welches-monatliche-einkommen-gilt-als-armutsgrenze-252.html (Stand: 07.12.2008)

Alleinstehenden in Deutschland wären das 3418 Euro netto, bei einer Familie mit zwei Kindern 7178 Euro netto.[101]

Wie ist der Reichtum in Deutschland verteilt? Die obersten 20 % der Vermögensverteilung besitzen rund 80 % des Nettogeldvermögens (die obersten 10 % besitzen zwei Drittel). Die Staatsverschuldung nimmt jede Sekunde um 1925 Euro zu, im gleichen Zeitraum wächst aber das private Geldvermögen um 6472 Euro![102]

Die Behauptung, dass Schulden verstaatlicht und Gewinne privatisiert werden, stimmt demnach in erschreckendem Maße. Die Schere zwischen Arm und Reich driftet immer schneller, immer weiter auseinander! Wir leben in einer Ökonomie des Todes. Aber einmal Hand aufs Herz: Wer von uns wäre nicht selber gerne ein Reicher? Wer von uns würde nicht selber gerne zu jenen gehören, die sich um (fast) nichts Sorgen machen müssen? Doch die Christen sollten mit diesem Wunsch sehr vorsichtig sein, denn Jeshua hat an die Adresse der Reichen einiges – teilweise sehr Erschreckendes – zu sagen! Die Bibel stellt nüchtern fest:

> *Ihr Reichen tut viel Unrecht […]. (LU; Mi 6,12)*

Eine amerikanische Studie, die im Fachmagazin "*Proceedings of the National Academy of Sciences*" veröffentlicht wurde, belegt: Reiche neigen eher zu unethischem Verhalten als ärmere Menschen.

---

[101] Wissen.de. „Herrscher und Heerführer – Macht, Ruhm und Reiche" URL: http://www.wissen.de/wde/generator/wissen/ressorts/geschichte/zeitgeschehen/index,page=3625192.html

[102] http://www.reichtumsuhr.de/

„[...] Reiche lügen und betrügen häufiger als Menschen mit niedrigerem sozialem Rang. Außerdem nehmen sie anderen im Straßenverkehr öfter die Vorfahrt – das ist das Ergebnis von sieben Experimenten [...]. Wahrscheinlich verhielten sich Angehörige höherer sozialer Schichten deshalb unmoralischer, weil Gier in diesem Teil der Gesellschaft in einem positiveren Licht gesehen werde, spekulieren die Psychologen [...].“[103]

Reichtum und Macht haben immer schon etwas sehr Korrumpierendes gehabt und selbst die größten Idealisten *auf die andere Seite* kommen lassen. Ein Beispiel für mich ist der ehemalige Idealist Joschka Fischer; als Student kämpfte er leidenschaftlich für eine gerechtere Welt, als Politiker kämpfte er unter anderem für einen Ausstieg aus der Atomkraft und setzte unter Rot-Grün einen Ausstieg durch. Heute berät Joschka Fischer die Atomindustrie und lässt sich seinen Kampf für eine Laufzeitverlängerung gut bezahlen. „Richtig, ich bin jetzt Unternehmer", sagte er auf einer Pressekonferenz in Düsseldorf.[104] Machen wir uns nichts vor: Geld versaut (oft) den Charakter!

Wir könnten an dieser Stelle unzählige weitere Beispiele aus der Gegenwart und Geschichte heranziehen, die die These der Bibel untermauern würden, doch wollen wir einmal den MEISTER selbst zu diesem Thema zu Wort kommen lassen. Zur Zeit

---

[103] Spiegel online. „Sozialwissenschaft Reichtum fördert Unmoral“ URL: http://www.spiegel.de/wissenschaft/mensch/0,1518,817907,00.html (Stand: 28.02.2012)

[104] ANTJE HÖNING. RP Online „Joschka Fischer berät Atomkonzerne: "Ich bin jetzt Unternehmer" URL: http://www.rp-online.de/wirtschaft/news/Ich-bin-jetzt-Unternehmer_aid_780064.html (Stand: 08.11.2009)

Jesuas – wie zu allen Zeiten der Menschheit – gab es arme und reiche Menschen in seinem Umfeld. Jeshua selbst wuchs mit seinen Geschwistern in einer eher ärmeren Gesellschaftsschicht auf. Zusammen mit seinem Brüdern und – solange dieser noch lebte – seinem Vater wird Jeshua das Schicksal eines Tagelöhners gekannt haben. Als Handwerker wird er schwere, aber auch ungerecht bezahlte Arbeit, Arbeitslosigkeit, Arbeitssuche etc. gekannt haben. Viele vermuten, dass er auch auf der Großbaustelle, dem Jerusalemer Tempel, gearbeitet haben wird. Und gerade hier – im Tempel, im Angesichte Gottes, an einem Ort, an dem gesellschaftlicher Stand eigentlich keine Rolle spielen dürfte – war der Kontrast zwischen Arm und Reich besonders deutlich.

> *Er blickte aber auf und sah, wie die Reichen ihre Opfer in den Gotteskasten einlegten. Er sah aber auch eine arme Witwe, die legte dort zwei Scherflein ein. Und er sprach: Wahrlich, ich sage euch: Diese arme Witwe hat mehr als sie alle eingelegt. Denn diese alle haben etwas von ihrem Überfluss zu den Opfern eingelegt; sie aber hat von ihrer Armut alles eingelegt, was sie zum Leben hatte. (LU; Lk 21,1-4)*

Bill Gates galt lange Zeit als reichster Mann der Welt. Heute ist er (nur) noch der zweitreichste Mann der Welt. Der Grund dafür ist, dass er die Hälfte seines Vermögens in die Bill & Melinda Gates Stiftung gestiftet hat. Die Stiftung ist heute ca. 36 Milliarden Dollar schwer und setzt sich vor allem für die Bekämpfung von Armut, Hunger und Krankheiten in Afrika ein. Ich finde das sehr bemerkenswert. Ich hatte einmal die Gelegenheit, mit Bill Gates persönlich zu sprechen – ich habe mich bei ihm für sein Engagement und seine großzügige Stiftung bedankt: 36 Milliarden Dollar, das ist wirklich bemerkenswert!

Aber interessant, oder? Aus der Perspektive Christi ist die bescheidene Spende des Hartz-IV-Empfängers in der Kirche, für beispielsweise *Brot für die Welt,* viel bemerkenswerter: *Denn diese alle haben etwas von ihrem Überfluss zu den Opfern eingelegt; dieser aber hat von seiner Armut alles eingelegt, was er zum Leben hatte.*

Großzügigkeit misst sich bei Gott immer in der Relation zum eigenen Wohlstand! Der gespendete Euro des Hartz-IV-Empfängers kann demnach – aus der Perspektive der Ewigkeit – viel mehr sein als die Milliarde des Reichen. Es gibt einige theologische Strömungen, die vor allem finanziellen Reichtum als Segen Gottes auslegen und propagieren. Dieses *Wohlstandsevangelium* hat viel Schaden nicht nur im angelsächsischen Raum in der christlichen Landschaft angerichtet.

Heute wie damals zu Zeiten Jesu sind Fromme versucht, gut über den spendenden Reichen und abfällig über den bescheidenen Beitrag des Hartz-IV-Empfängers zu denken – Gott denkt darüber ganz anders! **Denken Sie nicht schlecht über sich, weil Sie vielleicht nur „wenig" geben können!** Jeshua war sicherlich niemand, der sich im Kreuzzug gegen Reiche befand, wohl aber jemand, der sich gegen das Unrecht des Reichtums allgemein wendete.

> *Und er hob seine Augen auf über seine Jünger und sprach: Selig seid ihr Armen; denn das Reich Gottes ist euer. Selig seid ihr, die ihr jetzt hungert; denn ihr sollt satt werden. Selig seid ihr, die ihr jetzt weint; denn ihr werdet lachen. Selig seid ihr, wenn euch die Menschen*

> *hassen und euch ausstoßen und schmähen und verwerfen euren Namen als böse um des Menschensohnes willen. Freut euch an jenem Tage und springt vor Freude; denn siehe, euer Lohn ist groß im Himmel. Denn das Gleiche haben ihre Väter den Propheten getan. Aber dagegen: Weh euch Reichen! Denn ihr habt euren Trost schon gehabt. Weh euch, die ihr jetzt satt seid! Denn ihr werdet hungern. Weh euch, die ihr jetzt lacht! Denn ihr werdet weinen und klagen. Weh euch, wenn euch jedermann wohlredet! Denn das Gleiche haben ihre Väter den falschen Propheten getan. (LU; Lk 6,24ff)*

Jeshua spricht hier von der Gerechtigkeit, für die er spätestens im Himmel persönlich sorgen wird, aber die bereits heute – zumindest ansatzweise – realisierbar wäre, wenn die Reichen ihre Hartherzigkeit und Egoismen überwinden würden und zum Teilen bereit wären. Er wendet sich tröstend den Armen, Hungernden und Trauernden zu und droht im gleichen Atemzug all jenen, die für deren Schicksal mit Verantwortung tragen bzw. deren Elend – wenn sie es denn wollten – sofort mindern könnten. Viermal heißt es hier WEH EUCH! Der gelesene Text der Bergpredigt richtet sich an die Jünger Jesu, seine Kirche.

Die Unterschiede zwischen Arm und Reich werden in der Kirche Jesu auf dem Kopf gestellt: *Hier dürfen sich die Armen, Hungernden und trauernden auf bessere Zeiten und Gottes Eingreifen freuen und die Reichen müssen dasselbe fürchten! Gott ergreift in diesem Text eindeutig Partei für die Unterschicht und droht der Oberschicht sie eines Tages – falls sie nicht selber dazu bereit sind – von ihrem hohen Thron herunterzustoßen.*

Wie kann es sein, dass, obwohl Jeshua so eindeutig Partei für die Unterschicht ergreift, die Kirche von heute vor allem von den Anliegen und Bedürfnissen der Mittel- und Oberschicht dominiert wird? Der Traum der meisten Pastoren dürfte es wohl sein – ich kann das sagen, denn ich bin ja selber einer –, einer Kirchengemeinde mit gutsituierten, zahlungskräftigen und vor allem spendenbereiten Gläubigen vorzustehen. Ich frage mich allerdings, ob das der gleiche Traum des alten, sehr idealistischen Gründers der Kirche – jenem Tagelöhner aus Nazareth – ist und ob sich dieser in einer solchen Kirche wirklich wohlfühlt!

Wünscht sich Christus demnach eine Kirche der Armen? Nicht unbedingt! Er wünscht sich vor allem eine Kirche voller Menschen, die voll und ganz von ihm abhängig sind und genauso bereit dazu sind, dem Nächsten mit allem, dem eigenen Leben – das schließt selbstverständlich auch die eigene Geldbörse mit ein –, zu dienen.

Jeshua, der die Herzen der Menschen sehr gut kannte, wusste, dass dieser absolute Anspruch vor allem für viele Reiche eine nicht zu überbrückende Hürde darstellte:

> *[...] Wie schwer werden die Reichen in das Reich Gottes kommen! Die Jünger aber entsetzten sich über seine Worte. Aber Jesus antwortete wiederum und sprach zu ihnen: Liebe Kinder, wie schwer ist's, ins Reich Gottes zu kommen! Es ist leichter, dass ein Kamel durch ein Nadelöhr gehe, als dass ein Reicher ins Reich Gottes komme. Sie entsetzten sich aber noch viel mehr und sprachen untereinander: Wer kann dann selig werden? Jesus aber sah sie an und sprach: Bei den Menschen ist's un-*

möglich, aber nicht bei Gott; denn alle Dinge sind möglich bei Gott. (LU; Mk 10,23ff)

Wie oft habe ich den letzten Vers *„Bei den Menschen ist's unmöglich, aber nicht bei Gott; denn alle Dinge sind möglich bei Gott"* in allen möglichen, aber eben nicht in dem eigentlichen Zusammenhang gehört oder gelesen. Dieser Vers wird Menschen tröstend gesagt, die vor riesigen Herausforderungen – wie einer Krankheit, Arbeitslosigkeit oder anderen Krisen – stehen.

Sicherlich hat dieser Vers auch hier seine Berechtigung, aber wer hat den Mut, diesen Vers z. B. einem Josef Ackermann in der Seelsorge zu sagen: *„Lieber Josef, es ist aus menschlicher Sicht völlig ausgeschlossen, dass du in den Himmel kommst, aber mach dir keine Sorgen, bei Gott ist es dann doch irgendwie möglich. Du musst lediglich das Gleiche bezahlen wie alle anderen, um Christus nachzufolgen. Der Preis ist für alle Menschen gleich! Der Preis der Nachfolge ist ALLES! Sei bereit, ALLES zu geben und ALLES aufzugeben!"*[105]

Die Einladung zum Glauben – sprich zur Nachfolge Jesu – hat heute etwas Entscheidendes verloren. Sie verschweigt bzw. relativiert vielerorts die Voraussetzung, den Preis der Nachfolge: Die **Bereitschaft ALLES aufzugeben** und mit himmlischen Maßstäben und Werten von Neuem zu beginnen!

Es ist gut und von Gott gewollt, dass der Mensch das, was wir zum Leben brauchen, hat und dieses auch ohne jedes schlechte Gewissen genießen und unsere Freude daran haben darf.

---

[105] In einem persönlichen Brief an Herrn Ackermann habe ich es gewagt, ihm genau dies zu schreiben. Bisher habe ich keine Antwort erhalten.

Aber alles, was über diese großzügige Lebensgrundlage hinausgeht, ist zum Teilen da! In der ersten Gemeinde war diees Dogma selbstverständlich:

> *Sag allen, die in dieser gegenwärtigen Welt reich sind, sie sollen nicht stolz sein und nicht auf ihr Geld vertrauen, das bald vergehen wird. Stattdessen sollen sie ihr Vertrauen auf den lebendigen Gott setzen, der uns alles reichlich gibt, was wir brauchen, damit wir uns daran freuen und es genießen können. Fordere sie auf, ihr Geld zu nutzen, um Gutes zu tun. Sie sollen reich an guten Taten sein, die Bedürftigen großzügig unterstützen und immer bereit sein, mit anderen zu teilen, was Gott ihnen gegeben hat. (NL; 1.Tim 6,17f)*

Was ist es für ein großes Wunder, wenn ein Reicher sich bekehrt, den Preis der Nachfolge auf sich nimmt und Christ wird. Und was kann dieser Reiche nicht für weitere Wunder durch seine Bereitschaft zu teilen möglich machen?

Zugegeben, diese Wunder scheinen in unserer Zeit sehr selten zu sein, aber ganz ausgeschlossen sind sie nicht. Die Kirche jedenfalls sollte das Evangelium nicht unter seinem Preis verkaufen, sondern allen Menschen, auch den Reichen, den Preis der Nachfolge predigen: **ALLES aufzugeben und bereit zu sein, sein Leben und seine Ressourcen mit dem Nächsten um Christi willen zu teilen!**

Es ist kein Wunder, dass die Kirche über Jahrhunderte sehr arm war und vor allem von der Oberschicht, der Elite, verfolgt und bedroht wurde. Aber die frühe Kirche war selber nicht auf den Mund gefallen und konterte selbstbewusst:

Und nun, ihr Reichen: Weint und heult über das Elend, das über euch kommen wird! (LU; Jak 5,1)

Sehr schnell sind wir nun versucht, auf die Reichen zu schimpfen und einzuschlagen, aber das ist etwas, das dem Evangelium selbst zuwider ist, denn Gott liebt den Reichen und möchte, dass er umkehrt und sich von seinen falschen Gottheiten (Macht, Egoismus, Mammon etc.) abwendet.

Aber stellen wir uns noch einmal eine sehr wesentliche Frage: Wer sind die Reichen? Jetzt zum Ende wollen wir diese – im Licht einer globalen Welt – beantworten: *Mit einem Jahreseinkommen von aufgerundet 30.000 Euro bin ich beispielsweise der 230.260.870ste reichste Mann auf dieser Welt und gehöre zu den 3,83 % der reichsten Menschen auf dieser Erde!* [106]

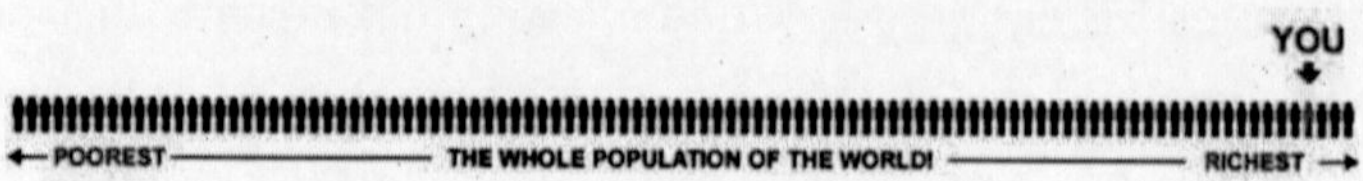

Grafik für mein Jahreseinkommen von aufgerundet 30000 Euro. Quelle: http://www.globalrichlist.com/

Der globale Vergleich zeigt uns, dass wir alle mit unserem Konsumverhalten und Ressourcenverbrauch im Glashaus sitzen. Die Worte Jesu gelten nicht zuallererst denen da oben, sondern eben auch Ihnen und mir, hier und jetzt. Jeder von uns ist angesprochen und ermahnt, wenn Jeshua über die Reichen redet.

Jeder von uns – der eine mehr, der andere weniger – braucht eine wirkliche Befreiung und Umkehr zu Christus, einen Aus-

[106] Global Rich List. URL: http://www.globalrichlist.com

tausch vom Geist des Materialismus, mit dem Heiligen Geist, einer neuen Bereitschaft der Nachfolge unseres MEISTERS und der bedingungslosen Bereitschaft, den Preis – ALLES – dafür zu bezahlen!

Umgang mit dem Armen

Im Jahr 2011 fing ich meine Erntedankpredigt wie folgt an: *„Herzlich willkommen in unserem Erntedankgottesdienst. Aus meiner Kindheit kenne ich zu solchen Anlässen noch reich gefüllte Erntedanktische, zu dem wir als Familie immer einen riesigen Kürbis aus unserem Garten gestellt haben. Im Anschluss an einen solchen Gottesdienst durfte sich jeder an dem Erntedanktisch bedienen und etwas mit nach Hause nehmen. Ganz ehrlich, heute hätte ich die Befürchtung, dass zu viel übrig bleiben würde und einiges von dem Erntedanktisch auf dem Müll landen würde. Wir haben heute keinen klassischen Erntedanktisch, sondern stattdessen einen großen Müllberg aufgebaut – „Ja spinnen wir denn?" NEIN, wir wollten damit den Finger in eine ganz bestimmte Wunde unserer Zeit legen und auf ein zum Himmel schreiendes Elend unserer Zeit hinweisen …"*

Erinnern Sie sich? Kennen Sie noch den Grund, warum die Städte Sodom und Gomorra gerichtet wurden? Über Jahrhunderte wurde hier vor allem die sexuelle Perversion genannt, aus der sich auch der fromme Begriff „Sodomie" ableitete und alles Perverse stigmatisierte. Aber nein, es war nicht die sexuelle Perversion, das war höchstens die Konsequenz und Frucht von etwas viel Zerstörerischerem – Ungerechtigkeit, die zum Himmel schrie!

> *Die Schuld deiner Schwester Sodom war, dass sie mit ihren Töchtern in Hochmut, Überfluss und sorgloser Ruhe*

lebte, ohne den Armen und Bedürftigen beizustehen. Sodom war hochmütig und beging vor meinen Augen abscheuliche Taten, deshalb habe ich sie ausgerottet, als ich das sah. (Hes 16,49f)

Die Sünde war also, dass einige viel bzw. alles hatten, in sorgloser Ruhe lebten, aber den Armen verrecken ließen! Lukas 17,28 kündigt uns an, dass es in den letzten Tagen vor Jesu Wiederkunft wieder genau so sein würde wie in diesen Zeiten in dieser Stadt! Arm und Reich, Überfluss und Mangel nebeneinander. Unrecht, das zum Himmel schreit.

Über eine Milliarde Menschen hungern auf dieser Erde. Alle zwei Sekunden stirbt jemand an Hunger! Und gleichzeitig ist Fettleibigkeit eine der größten Gesundheitsprobleme der westlichen Welt! Das ist ungerecht! Das schreit zum Himmel! Das, was wir Europäer und Amerikaner jährlich wegschmeißen würde ausreichen, um die hungernde Weltbevölkerung siebenmal zu ernähren!

Meine Brüder, verbindet den Glauben an unsren Herrn der Herrlichkeit, Jesus Christus, nicht mit Ansehen der Person! Denn wenn in eure Versammlung ein Mann käme mit goldenen Ringen und in prächtigem Kleide, es käme aber auch ein Armer in einem unsauberen Kleide, und ihr würdet euch nach dem umsehen, der das prächtige Kleid trägt, und zu ihm sagen: Setze du dich hier an diesen Platz! Zum Armen aber sprächet ihr: Bleib du dort stehen, oder setze dich unter meinen Fußschemel! Würdet ihr da nicht Unterschiede untereinander machen und nach verwerflichen Grundsätzen richten? Höret, meine lieben Brüder: Hat nicht Gott diejenigen erwählt, die in den Augen der Welt arm sind, dass sie reich im

Glauben und Erben des Reiches würden, das er denen verheißen hat, die ihn lieben? Ihr aber habt den Armen verachtet! Sind es nicht die Reichen, die euch vergewaltigen, und ziehen nicht sie euch vor Gericht? Lästern nicht sie den schönen Namen, der euch beigelegt worden ist? Wenn ihr das königliche Gesetz erfüllet nach dem Schriftwort: «Liebe deinen Nächsten wie dich selbst!» so tut ihr wohl; wenn ihr aber die Person ansehet, so tut ihr Sünde und werdet vom Gesetz als Übertreter verurteilt. (Jak 2:1-9)

Jakobus, der leibliche Bruder von Jeshua – ein Mann, den man den Gerechten nannte, um den deswegen sogar seine Feinde bei seiner Beerdigung weinten –, litt wenige Jahre nach Jesu Himmelfahrt darunter, dass die Gemeinde Menschen unterschiedlich beurteilte. Jeshua war dafür gestorben, dass Menschen aller Rassen, Völker und Nationen unabhängig von ihrem sozialen Stand und ihrem Geschlecht Zugang zu Gott dem Vater haben sollten. Aber bereits wenige Jahre nachdem Jeshua von dieser Erde entrückt wurde, fingen einige in der Gemeinde, an diese Grenzen wieder aufzurichten und Menschen nach menschlicher Weise zu beurteilen.

Wir haben bereits festgestellt: Jeshua identifizierte sich von Anfang an mit den Armen!

Der Geist des Herrn ist auf mir, weil er mich gesalbt hat; er hat mich gesandt, den Armen frohe Botschaft zu verkünden [...]. (Lk 4:18)

Selig seid ihr Armen; denn das Reich Gottes ist euer! Selig seid ihr, die ihr jetzt hungert; denn ihr sollt gesättigt werden! Selig seid ihr, die ihr jetzt weinet; denn ihr werdet lachen! (Lk 6,20-21)

Mir fällt dazu folgender Satz ein: *„Wenn ich behaupte, Gott sei schwarz, so meine ich damit nicht eine Rasse oder Hautfarbe, sondern seine grundsätzliche Identifizierung mit den Armen und Unterdrückten dieser Welt.“ (Quelle unbekannt)*

Jakobus litt darunter, dass Gemeinde, dass Kirche begann sich von dieser grundsätzlichen Identifizierung Jesu zu entfernen und sich damit von Jeshua selbst entfernte und ihren Glauben damit auf sehr dünnes Eis stellte: *Meine Brüder, verbindet den Glauben an unsren Herrn der Herrlichkeit, Jeshua Christus, nicht mit Ansehen der Person!* Könnte es sein, dass das auch eine Botschaft für uns heute ist? Wie behandeln wir Menschen? Verbinden Fromme ihren Glauben mit Menschen?

Da gibt es Menschen, die sind reich, verdienen richtig gutes Geld und bekehren sich. Als Insider weiß ich, dass er in der Regel kein Problem haben wird sich schnell in der Gemeinschaft zu integrieren und darüber hinaus auch gute Chancen haben wird schnell in diversen frommen Ämtern aufzusteigen. Warum wird der Reiche bevorzugt und der Arme gemieden? Die Bibel sagt es uns:

Reichtum macht viele Freunde; der Arme aber wird von seinem Freunde verlassen. (Spr 19,4)

Warum ist das so? Ganz einfach: Von jemand, der viel hat, erwarten wir mehr – sprich wir selber profitieren mehr von solchen Leuten. Der Reiche an Geld kann großzügige Spenden überweisen! Der Reiche an Intelligenz ist ein guter Ratgeber! Ein guter Analyst und in seinem Licht werden wir gleich auch noch intelligenter. Der Reiche an Humor ist ein angenehmer

Zeitgenosse. Der bringt Stimmung! Der bringt Glück und Freunde! Der Reiche an Kreativität bereichert einen, bringt Neues, Schönes, Wertvolles. Der oder die Reiche an Schönheit bringt Attraktivität, bringt Glamour, eine Augenweide, solche Leute kann man gut auf dem Flyer abdrucken etc.

Aber der Arme? Der Arme an Geld kostet Geld und Hilfe! Der Arme an Liebe kostet Aufmerksamkeit. Mit dem zu reden kann Stunden in Anspruch nehmen. Der Arme an Schönheit kostet den guten Ruf („Was, mit wem bist du denn unterwegs?“). Der Arme an Intelligenz kapiert nichts, dem muss man alles stundenlang erklären. Der psychisch Arme ist so unangenehm, weil er so einen wirren Blick hat etc.

Arme kosten etwas, von Reichen erwarten wir etwas! Aber ist das überhaupt biblisch? Hält es dem Urteil des MEISTERS stand? Soll eine Kirchengemeinde etwas von Menschen erwarten? Deswegen sagt Jakobus: *Meine Brüder, verbindet den Glauben an unsren Herrn der Herrlichkeit, Jeshua Christus, nicht mit Ansehen der Person! (Jak 2,1)*

Aber an dieser Stelle steckt jeder Menschen in der Gefahr des frommen Selbstbetrugs:

> *Wer den Schwachen unterdrückt, beschimpft seinen Schöpfer; wer ihn aber ehren will, erbarmt sich des Armen. (Spr 14,31)*
>
> *Wer sein Ohr vor dem Geschrei des Armen verstopft, der wird auch keine Antwort kriegen, wenn er ruft. (Spr 21,13)*
>
> *Wer sich des Armen erbarmt, der leiht dem HERRN; und er wird ihm seine Wohltat vergelten. (Spr 19,17)*

Es geht nicht darum, einfach nur barmherzig zu sein – nach dem Motto: ich erniedrige mich, lass mich mal zu dem Kaputten hernieder und erbarme mich! Einfach mal zwischendurch was spenden und dann fühle ich mich wieder gut! Es geht um einen viel tieferen Prozess, ein viel tieferes Umdenken: *Meine Brüder, verbindet den Glauben an unsren Herrn der Herrlichkeit, Jeshua Christus, nicht mit Ansehen der Person!* Es geht darum, alles von Gott zu erwarten und zu empfangen! Und deswegen alle Menschen gleich zu behandeln, eine Aufmerksamkeit ohne Hintergedanken, echte Liebe.

Lebendiges Christentum ist durch eine neue Beseelung durch den Heiligen Geist gekennzeichnet:

> *Denn Gott hat uns nicht gegeben den Geist der Furcht, sondern der Kraft und der Liebe und der Besonnenheit. (2.Tim 1,7)*

Dieser Gottesgeist will vor allem den „Heilsegoismus" der Frommen durchbrechen. Ich, mich, meiner, mir. Wir sprechen so gerne davon, dass das Wichtigste ja schließlich sei, dass jemand den Herrn Jeshua in sein Leben aufgenommen hat – **und danach dann die Sintflut, oder was?** Fromme sprechen von Seelenernte. Gott möchte die Seele retten! Das stimmt ja auch! Aber wenn die Bibel über Seele spricht, dann meint sie damit nicht einfach nur einen unsichtbaren Teil des Menschen, sondern den ganzen Menschen!

> *„Es ist unmöglich einem Menschen mit der Liebe Gottes das Herz zu erwärmen, während er sich die Zehen abfriert." (William Booth)*

Ich glaube, die Frommen müssen hier wirklich anfangen radikal umzudenken! Jakobus jedenfalls platzt in diesem Brief fast der Kragen und er erhebt – wie kein anderer - seine Stimme für die Armen und Ausgestoßenen und gegen die Reichen:

> *Denn kaum ist die Sonne aufgegangen mit ihrer Glut, so verdorrt das Gras, und seine Blume fällt ab, und die Schönheit seiner Gestalt vergeht; so wird auch der Reiche verwelken auf seinen Wegen. (Jak 1,11)*

> *Hört, meine geliebten Brüder: Hat nicht Gott die Armen dieser Welt erwählt, daß sie reich im Glauben würden und Erben des Reiches, das er denen verheißen hat, die ihn lieben? Ihr aber habt den Armen verachtet! Sind es nicht die Reichen, die euch unterdrücken, und ziehen nicht sie euch vor Gericht? (Jak 2,5-6)*

> *Wohlan nun, ihr Reichen, weint und heult über das Elend, das über euch kommt! Euer Reichtum ist verfault und eure Kleider sind zum Mottenfraß geworden; euer Gold und Silber ist verrostet, und ihr Rost wird gegen euch Zeugnis ablegen und euer Fleisch fressen wie Feuer. Ihr habt Schätze gesammelt in den letzten Tagen! Siehe, der Lohn der Arbeiter, die euch die Felder abgemäht haben, der aber von euch zurückbehalten worden ist, er schreit, und das Rufen der Schnitter ist dem Herrn der Heerscharen zu Ohren gekommen! Ihr habt euch dem Genuß hingegeben und üppig gelebt auf Erden, ihr habt eure Herzen gemästet wie an einem Schlachttag! Ihr habt den Gerechten verurteilt, ihn getötet; er hat euch nicht widerstanden. (Jak 5,1-6)*

Nein, reich zu sein ist keine Sünde an sich, jedenfalls dann nicht, wenn wir damit richtig umgehen! Der Reiche sündigt nur, wenn er seine Gaben nur für sich und seinesgleichen einsetzt. Der Reiche sündigt, wenn er nicht teilt!

- Teilen Sie Ihr Geld mit den Armen.

- Teilen Sie Ihre Schönheit und Attraktivität auch mit dem Unansehnlichen.

- Teilen Sie Ihre Kraft mit dem Schwachen.

- Teilen Sie Ihre Gesundheit mit dem Kranken.

- Teilen Sie Ihren Glauben mit dem Zweifler.

Die Kritik des MEISTERS ruft uns dazu auf, nicht auf Wachstum um jeden Preis zu setzen. Kein Wachstum, das den Mächtigen und Reichen nur noch mächtiger und reicher macht. Eine Wachstumsstrategie für die Unterprivilegierten und Armen. Eine Ökonomie, die die Überwindung von Armut zum Ziel hat und nicht die Gewinnmaximierung der Eliten.

Fromme Nazis?

Jeder hat noch die schrecklichen Bilder im Kopf: In Norwegen ermordete der Wahnsinnige Anders Behring Breivik Duzende Menschen, sprengte sie in die Luft und erschoss sie eiskalt von Angesicht zu Angesicht. Dass ein „ZDF-Terrorismusexperte“ damals den Bombenanschlag vorschnell den Islamisten zuschob, hatte seinem Ruf sehr geschadet und brachte ihm von der Berliner Zeitung die Bezeichnung „Der Seher im Zweiten" ein. Aber dann kam die Gewissheit, das war kein Muslim, sonder ein anderer ... Es waren nicht Journalisten, die den Begriff „christlich-fundamentalistisch" aufbrachten, sondern der Fahndungschef der norwegischen Polizei, der dem Attentäter „wohl eine rechtsextreme, christlich-fundamentalistische Haltung" andichtete. Woher er das so früh wissen konnte, wird sein Geheimnis bleiben. Neben den eigentlichen erschreckenden Meldungen aus Norwegen dürften viele Fromme auch die Nachricht, dass ein *christlicher Fundamentalist* für den Terror verantwortlich gewesen sei, geschockt haben. Anders Behring Breivik nannte sich in seinem Manifest selbst einen *Tempelritter*, *Gerechten* und *Märtyrer der Kirche*. Reflexartig widersprechen wir den Darstellungen der Meldungen: Nein, so jemand kann kein wahrer Christ sein! Und eine erste Sichtung des Manifests des Attentäters bestätigt diese Aussage ja auch:

> *„Ich habe heute zum ersten Mal seit sehr langer Zeit gebetet. Ich machte Gott klar, dass er, wenn er keine marxistisch-islamische Allianz haben will und nicht will, dass der Islam ganz Europa übernimmt und im Laufe der nächsten hundert Jahre das europäische Christentum verschlingt, auch dafür sorgen muss, dass ein Krieger für das europäische Christentum Erfolg hat[...]. Ich will niemandem vormachen, dass ich sehr religiös bin, das wäre*

eine Lüge. Ich war immer sehr pragmatisch und wurde von meiner säkularen Umwelt beeinflusst […]. Religion ist eine Krücke für schwache Menschen, und viele umarmen die Religion aus eigennützigen Gründen, weil sie dadurch geistig gestärkt werden […]. Ich habe bisher Gott noch nicht um Kraft gebeten, aber ich bin sicher, ich werde beten, wenn ich durch die Stadt ziehe und die Gewehre feuern […]. Wenn es einen Gott gibt, dann wird er mich in den Himmel lassen wie alle Märtyrer für die Kirche in der Vergangenheit."[107]

… jedem ist klar: dieser Mann war kein Christ. Wir beurteilen das nicht, ob jemand Christ ist oder nicht – das kann nur Gott alleine –, aber wir nehmen Breivik einfach nur beim Wort. Bevor wir uns allzu tief in der Verteidigung verschanzen, möchte ich doch folgende Fragen stellen: Was wäre gewesen, wenn der Attentäter ein aktives Mitglied einer Gemeinde – z. B. meiner freikirchlichen Konfession – gewesen wäre? Ist so etwas so abwegig? Ich erlaube uns Frommen einen kurzen Moment der Selbstkritik: Wir erleben zurzeit in Europa eine noch nie da gewesene Renaissance des Rechtspopulismusses. Anton Maegerle – ein Journalist und Experte auf diesem Gebiet – schreibt in einem ARD-Interview bezüglich der aufkommenden Popularität rechter Parteien:

---

[107] Pro Christliches Medienmagazin. "Attentäter von Oslo: "Ich bin nicht religiös" URL: http://www.pro-medienmagazin.de/nachrichten.html?&news%5Baction%5D=detail&news%5Bid%5D=4256 (Stand: 25.07.2011)

Es gab spektakuläre Wahlergebnisse: die dänische Volkspartei, die Schwedendemokraten, die Wahren Finnen, die Wilders-Partei in den Niederlanden, die Tea Party in den USA. Auch nicht zu vergessen: Die FPÖ in Österreich oder die Schweizerische Volkspartei. In den USA sind zwischenzeitlich zigtausende Personen in einem großen Netzwerk verbunden. Das ist eine Bewegung, die immer größer wird.[108]

Es ist gut möglich, dass es auch eines Tages in Frankreich zu Rechtsruck durch die *Front National* kommen kommt. Neben einem starken Anti-Islamismus, teilen die meisten dieser Strömungen weitere Feindbilder: Alles Linke – sei es sozialistisch oder kommunistisch, die "Frankfurter Schule" der Soziologie, ein Hass auf Homosexuelle, auf den Feminismus, die Forderung nach EU- und NATO-Austritt, die Angst vor der Gleichheit etc. Und in der Tat haben viele Christen auch das eine oder andere Problem, vor allem mit den genannten sexualethischen Themenbereichen.

Ich mache mir da nichts vor: Die hervorragenden Wahlergebnisse in vielen europäischen Ländern haben diese rechtspopulistischen Parteien auch gerade vielen Christen zu verdanken. Der Leiter der Evangelischen Allianz in Finnland sagte gegenüber *idea* (evangelische Nachrichten Agentur), dass die konservativen Positionen der „Wahren Finnen" für viele Christen attraktiv gewesen wären. Die Leiter der Evangelischen Allianz

[108] Fabian Grabowsky "Phänomen Rechtspopulismus "Aus Worten können Waffen werden" URL: http://www.tagesschau.de/ausland/interviewmaegerle100.html (Stand: 25.27.2011)

in Ungarn schwärmen von ihrer neuen Verfassung und dessen Schöpfer, obwohl diese bereits praktisch die Meinungs- und Pressefreiheit abgeschafft hat und mit sehr nationalistischen Aussprüchen in ganz Europa für Bauchschmerzen sorgt.[109]

Ein kleiner Ausflug alleine in meine eigene frommen Geschichte zeigt, dass einst auch hier sehr wenige Christen die Gefahr durch die Nazis in Deutschland erkannten. Heinrich Vietheer – einer der Urväter meiner Gemeindebewegung – verteidigte beispielsweise auf einer Amerikareise die Politik der National sozialisten:

> *„Vielmehr haben die Christen mehr Freiheit und Vorrechte als je zuvor. [...] Hitler ist der Retter von Deutschland und Europa [...] ein wunderbarer Mann. [...] Das deutsche Volk dankt Gott für Hitler, und die abfällige Kritik gegen seinen Plan ist größtenteils kommunistische Propaganda."*[110]

Ich meine: Hören wir auf, uns selber etwas vorzumachen! Es wäre tatsächlich möglich gewesen, dass Anders Behring Breivik ein geblendeter Pfingstler, Charismatiker oder irgendein anderer Christ aus dem evangelikalen Raum gewesen wäre! Selbst Jeshua hatte in seinen eigenen Reihen *jüdische Fundamentalisten (Zeloten)*, die zur Gewalt und Terror gegen an-

---

[109]Die Evangelische Allianz in Deutschland. "Ungarn: Evangelikale in Ungarn begrüßen neue Verfassung" URL: http://www.ead.de/nachrichten/nachrichten/einzelansicht/article/ungarn-evangelikale-in-ungarn-begruessen-neue-verfassung.html (Stand: 20.04.2011)

[110] Quelle: „Gekämpft mit Gott uns Menschen. Das Leben von Heinricht Vietheer." Leuchter: Erzhausen, 2007. Seite 144

dere bereit gewesen wären, wenn Jeshua ihnen nicht offen und entschieden widerstanden hätte:

> *Matthäus und Thomas; Jakobus, den Sohn des Alphäus, und Simon, genannt der Zelot;* (LU; Mt 6,15)

Zelot, das bedeutet wörtlich *Eiferer*. Die Zeloten waren eine von Judas dem Galiläer und einem Priester mit Namen Zadok im Jahre 6 n. Chr. gegründete paramilitärische Widerstandsbewegung der Juden gegen die römische Besatzung. Im Gegensatz zu den Pharisäern, die durch einen heiligen Lebensstill Israel von den Römern befreien wollten, verübten die Zeloten aus „Eifer für ihren Glauben und ihr Land" regelmäßige Attentate auf die römischen Besatzer (die Medien würden diese Gruppe heute mit gutem Recht Terroristen nennen). Wie gelesen, hatte Jeshua auch einen aus diesen Reihen mit bei seinen Jüngern an Bord! Aber er war nicht der Einzige mit solchen Tendenzen zur Gewalt ...

> *Als aber seine Jünger Jakobus und Johannes das sahen, sagten sie: Herr, willst du, daß wir sprechen, daß Feuer vom Himmel herabfallen und sie verzehren soll, wie es auch Elia getan hat? Er aber wandte sich um und ermahnte sie ernstlich und sprach: Wißt ihr nicht, welches Geistes [Kinder] ihr seid? Denn der Sohn des Menschen ist nicht gekommen, um die Seelen der Menschen zu verderben, sondern zu erretten! (SCH; LK 9,54ff)*

Alle – Simon, Jakobus und Johannes – liebten Gott, verfolgten seine Ziele, aber sie taten es einseitig, verstanden eine ganz wichtige Lektion nicht! „Wisst ihr nicht wessen Geistes Kinder ihr seit?" Wir Christen sind Kinder des Geistes Christi! Hass auf Andersgläubige, Feinde unseres Glaubens und andere hat bei uns nichts verloren! Immer wieder musste Jeshua an dieser Stelle seinen Jüngern den Kopf waschen:

> *Noch während er das sagte, kam Judas, einer der zwölf Jünger, inmitten einer mit Schwertern und Knüppeln bewaffneten Menge auf ihn zu. Sie waren von den obersten Priestern und den Ältesten des Volkes geschickt worden. Judas hatte vorher mit ihnen ein Zeichen vereinbart: »Ihr sollt den festnehmen, den ich zur Begrüßung küsse.« Also ging Judas direkt auf Jesus zu. »Ich grüße dich, Rabbi!«, rief er und gab ihm einen Kuss. Jesus sagte: »Mein Freund, tu, wozu du gekommen bist.« Da packten die anderen Männer Jesus und nahmen ihn fest. Einer der Männer um Jesus zog ein Schwert und schlug einem Diener des Hohen Priesters ein Ohr ab. »Steck dein Schwert weg«, befahl ihm Jesus. »Wer das Schwert benutzt, wird durchs Schwert umkommen. Wisst ihr denn nicht, dass ich meinen Vater um Tausende von Engeln bitten könnte, um uns zu beschützen, und er würde sie sofort schicken? (LU;* Mt 26,47-52)

Da ist ein Eifer für Christus, da ist eine Erkenntnis für seine Werte, eine Bereitschaft, sich für seine Sache einzusetzen, aber gleichzeitig ein totales Missverständnis über die Wege dorthin! Es ist doch auch interessant, wie Jeshua hier argumentiert: „Packt euer Schwert weg, ich könnte das hier jederzeit beenden und Engel herbefehligen! Hallo, ich hab es unter Kontrolle!“ Auch wenn es in der Welt hier und da anders aussieht: Gott hat alles unter Kontrolle! Sich mit Waffen für Gottes Sache einzusetzen ist Unglaube!

Aber es geht noch weiter: Brennender Eifer ohne Liebe verkommt zu gesetzlichem Extremismus. Denken wir an das Hohe

Lied der Liebe im Korintherbrief: *Nun aber bleiben Glaube, Hoffnung, Liebe, diese drei; aber die Liebe ist die größte unter ihnen. (1. Kor 13,13)* Immer wieder erinnert uns die Bibel an diese Liebe. In der Offenbarung geht Jeshua mit einer Gemeinde, die zwar alles rein technisch richtig macht, aber die Liebe verloren hat, ins Gericht!

Diese Liebe soll ungeteilt sein und den „geistlichen Geschwistern" in der Kirchengemeinde wie unseren „Feinden" in der Welt gelten. Jeder Gläubige – egal, in welcher Gemeinde er Mitglied ist – ist ohne diese Liebe in Gefahr auch auf rechtspopulistische Parolen und Ideen hereinzufallen. Ich meine: Wir dürfen in unseren Gemeinden nicht aufhören genau das immer wieder zu betonen und zu predigen.

Fremdenfeindlichkeit ist unbiblisch[111]

Multikulturalismus ist der Oberbegriff eines sozialphilosophischen Theorieansatzes. Multikulti – sprich viele Kulturen, die parallel zusammenleben, sich akzeptieren, in der es keine dominante Kultur gibt, die andere assimilieren möchte, sondern in der man gemeinsam voneinander lernen möchte. Unsere Bundeskanzlerin Angela Merkel erklärte 2010, dass Multikulti in Deutschland gescheitert sei. Ich gebe zu, dass dieses Thema auf weltlicher/staatlicher Ebene sehr komplex ist, aber auf einer geistlichen Ebene – ich meine damit in der Kirche – sollte das ein ganz selbstverständliches Thema sein!

Man sagt: Jedes Jahr wandern 2,5 Mio. Menschen in die EU ein. Heute hat jeder fünfzehnte Deutsche Wurzeln außerhalb

---

[111] Vor allem das Buch *„Multikultureller Gemeindebau. Versöhnung leben"* von *Johannes Reimer* hat mich in den folgenden Ausführungen sehr inspiriert.

Deutschlands. Dietzenbach – die Stadt, in der ich Pfarrer sein darf – ist eine Stadt mit sehr vielen Kulturen, knapp ein Drittel seiner Bewohner stammen aus über hundert Nationen außerhalb Deutschlands. Voller Freude darf ich melden: Wir haben Menschen aus Israel, Iran, Chile, Brasilien, Spanien, Polen, Afrika, Italien und Deutschland in unserer Gemeindefamilie.

Wieso klappt das so gut? Wieso klappt das in einer Kirchengemeinde und so oft nicht in der Welt? Weil wir Frommen etwas haben, was uns vereint, was wir alle lieben, was uns verbindet: NEIN, es ist nicht die gemeinsame Sprache DEUTSCH! Es ist schlicht dieser alte MEISTER Jeshua Christus!

Unser Heimatland ist im Himmel. (Phil 3,20)

Nationalitäten, kulturelle und soziale Hintergründe spielen (eigentlich) in der Gemeinde KEINE Rolle, wir haben eine neue Identität!

Ein Ausländer spricht einen Deutschen an: „Do you speak English?" „Yes, a little. Und Sie, sprechen Sie Deutsch?" „Auch ein wenig." Darauf der Deutsche: „Also, dann reden wir doch Deutsch miteinander. Warum soll denn ich der Dumme sein, der sich blamiert?"

Kirche soll so ganz anders sein! Die Gemeinschaft der Frommen sollte der Welt ein Vorbild sein.

Gemeinde als Volk aus den Völkern

> *Im Alten Testament gehört das Thema der Migration und der Erfahrung der Fremde zu einem der wichtigsten Themen überhaupt. (Johannes Reimer)*[112]

Wir wollen zunächst einen Blick in die geistliche Geschichte der Christen, zu den geistlichen Vätern und Müttern im Glauben unternehmen und nachsehen, wie dieses Thema im Alten Testament behandelt wurde. Alles fing so richtig mit Abraham an. Abraham wird bis heute als *Vater Abraham* verehrt. Und jetzt das Überraschende: „Dein Vater Abraham war ein heimatloser Wanderer!"

> *Verlass deine Heimat, deine Verwandten und die Familie deines Vaters und geh in das Land, das ich dir zeigen werde! Von dir wird ein großes Volk abstammen. Ich will dich segnen und du sollst in der ganzen Welt bekannt sein. Ich will dich zum Segen für andere machen [...]. Alle Völker der Erde werden durch dich gesegnet werden. (1.Mo 12,1f)*

... alle Völker sollen durch einen Migranten/Ausländer gesegnet werden! Die Heilsgeschichte Israels fängt mit Migration/Auswandern an! Aber sie fängt nicht nur damit an, sondern dieses *Ausländersein* zieht sich wie ein roter Faden durch die Geschichte Israels! Wir kommen später noch einmal darauf zurück, aber unmittelbar nach Abraham geht die Geschichte für Israel (wieder) als AUSLÄNDER in Ägypten weiter. Das ist ein roter Faden, der sich durch die Geschichte und die Grund-

---

[112] *Johannes Reimer „Multikultureller Gemeindebau. Versöhnung leben"* Francke-Buchhandlung, 2011; S. 36

erfahrung und Identität Israels zieht: *Wir sind / wir waren immer wieder die Fremden!* Neben Ägypten gibt es einen weiteren traumatischen Einschnitt in dem kollektiven Bewusstsein Israels, der diesen roten Faden fortführt – die *Babylonische Gefangenschaft*! Im Psalm 137 wird deutlich, wie man sich hier in der Fremde als Ausländer gefühlt hat:

> *An den Flüssen Babylons saßen wir und weinten, wenn wir an Jerusalem dachten. An die Äste der Weiden hängten wir unsere Harfen. Denn die uns gefangen hielten, wollten, dass wir singen, und die uns peinigten, wollten Freudenlieder hören: »Singt doch eins der Lieder von Jerusalem!« Doch wie können wir in einem fremden Land die Lieder des Herrn anstimmen? Wenn ich dich jemals vergesse, Jerusalem, soll meine rechte Hand gelähmt werden. Meine Zunge soll mir am Gaumen kleben, wenn ich nicht mehr an dich denke, wenn Jerusalem nicht mehr meine höchste Freude ist. (Ps 137,1-6)*

Weiter fand beispielsweise das Buch Rut – ein ganzes Buch, das einer Ausländerin gewidmet ist, die darum kämpft, in Israel zu überleben, sich zu integrieren und später zur Vorfahrin König Davids und Jeshua wird – Einzug in den alttestamentlichen Kanon. Im Alten Testament gehört das Thema Migration und die Erfahrung Fremder/Ausländer zu sein zu einen der zentralsten Identitäten. Jeder Jude ist beispielsweise angehalten am Tag der ersten Früchte folgendes Bekenntnis und Gebet zu sprechen:

> *Dann sollt ihr vor dem Herrn, eurem Gott, sprechen: `Unser Stammvater war ein Aramäer, der umherzog und mit wenigen Männern nach Ägypten ging, um dort zu leben. Doch in Ägypten wurde er zu einem großen und*

mächtigen Volk. Als die Ägypter uns misshandelten und unterdrückten, indem sie uns zu Sklavenarbeit zwangen, riefen wir zum Herrn, dem Gott unserer Vorfahren. Er hörte unser Rufen und sah unser Elend, unser Leid und unsere Unterdrückung. Deshalb führte uns der Herr mit starker Hand und großer Macht, unter Schrecken erregenden Ereignissen und unter Zeichen und Wundern aus Ägypten. Er brachte uns an diesen Ort und gab uns dieses Land, in dem Milch und Honig überfließen. (5. Mo 26, 5-9)

Israel war immer dazu aufgerufen, aufgrund der eigenen Geschichte eine barmherzige Haltung gegenüber den Fremden zu entwickeln. Warum sollte ich den Fremden gegenüber barmherzig sein? Weil ich selber ein Fremder war – seine Geschichte ist meine Geschichte!

Ausländer unter dem Schutz des Gesetzes

Weil der Fremde in Israel in der Regel selber kein Land besaß, da das Land unter den zwölf Stämmen Israels aufgeteilt worden war, war er genau wie Witwen und Waisen auf die Barmherzigkeit der Landbesitzer angewiesen. Gott verankerte dies auch mehrfach in seinen Geboten! Der Fremde war in Israel immer willkommen! Der Ausländer hatte in Israel per Gesetz Anspruch auf Versorgung. Dies wird z. B. bei der Verteilung des Zehnten deutlich, denn dieser war nicht nur für die Leviten (Priester), sondern auch für sozial Benachteiligte vorgesehen!

Am Ende jedes dritten Jahres sollt ihr die gesamte Ernteabgabe des betreffenden Jahres in die nächstgelegene Stadt bringen und dort aufbewahren. Sie ist für die Leviten bestimmt, denn sie besitzen kein Land und haben kein Erbe unter euch, sowie für die Ausländer, die Waisen und die Witwen in euren Städten, damit sie sich satt essen können. Dann wird der Herr, euer Gott, alles segnen, was ihr tut. (5.Mo 14,28f)

Ausländern stand per Gesetz so etwas wie eine minimale Grundsicherung zu, ist das nicht erstaunlich? Aber der Ausländer sollte sich nicht nur alle drei Jahre einmal richtig satt essen können, sondern Israel war darüber hinaus verpflichtet, zu den Erntezeiten dem Ausländer etwas übrig zu lassen:

Wenn ihr beim Ernten eine Garbe auf dem Feld vergesst, geht nicht zurück, um sie zu holen. Lasst sie für die Ausländer, Waisen und Witwen stehen. Dann wird der Herr, euer Gott, euch bei allem, was ihr tut, segnen. Wenn ihr die Oliven von den Bäumen schlagt, dann haltet keine Nachlese. Lasst die verbleibenden Oliven für die Ausländer, Waisen und Witwen hängen. Auch bei eurer Weinlese sollt ihr keine Nachlese halten. Die übrig gebliebenen Trauben sollen den Ausländern, Waisen und Witwen gehören. ***Denkt daran, dass ihr selbst einmal Sklaven in Ägypten wart.*** *Deshalb fordere ich euch auf, nach diesen Anweisungen zu handeln. (5.Mo 24,19-22)*

Immer wieder kommt – wir werden das noch sehen – diese Begründung: *„Denkt daran, euch ging's einmal genauso! Ihre Geschichte ist eure Geschichte!"* Dem Fremden wurde aber nicht nur eine soziale Grundsicherung per Gesetz garantiert, er hatte darüber hinaus eine Rechtssicherheit, einen Rechtsschutz:

Beugt Ausländern und Waisen gegenüber nicht das Recht und pfändet nicht das Kleid einer Witwe. Denkt immer daran, dass ihr einmal Sklaven in Ägypten wart und dass der Herr, euer Gott, euch von dort befreit hat. Deshalb fordere ich euch auf nach diesen Anweisungen zu handeln. (5.Mo 24,17f)

Einladung zum Glauben

Der Fremde war in Israel willkommen. Selbstverständlich hatte er sich an die hiesigen Gesetz zu halten, aber er war selbstverständlich von religiösen Gesetzen weitgehend befreit! An rituelle Reinheitsgebote musste sich ein Ausländer nicht halten, das waren Gesetze, die nur für Juden galten.[113] Der Fremde genoss also Religionsfreiheit. Religionsfreiheit – sprich Wahlfreiheit – ist die Grundvoraussetzung dafür, dass sich ein Mensch nach eigenem, freien Willen für Gott entscheiden kann. So war es in Israel, so sollte es auch heute auf der ganzen Welt sein! „Du musst kein Christ werden, wenn du hier lebst. Du hast die freie Wahl – per Gesetz garantiert –, dich anders zu entscheiden! ABER ich lade Sie – wenn Sie es möchten – herzlich zu meinem Glauben und den Segnungen Gottes ein!“

Übrigens, wissen Sie wer als einer der ersten in der jüngeren Geschichte Religionsfreiheit forderte? Es war Thomas Helwys ein englischer Baptisten Pastor, der dies in einem seiner Traktate 1611 öffentlich forderte. Die Forderung nach Religionsfreiheit verbreitete sich zu allererst unter Baptisten in England, den Niederlanden und dann den USA. Bedingungslose Religionsfreiheit ist einer der Errungenschaften von uns Freikirchen! Das gleiche gilt übrigens für die Trennung von Staat und Kirche: Der Baptisten Pastor Roger Williams forderte 1647

---

[113] Vgl. 5. Mo 14,21

die völlige Trennung von Kirche und Staat. Rainer Prätorius bringt es auf den Punkt: „Nicht obwohl, sondern weil er tiefreligiös war, forderte Williams eine Trennung von Politik und Religion."[114]

Der Fremde war in Israel von religiösen Vorschriften befreit, war aber immer wieder eingeladen, am Segen Israels teilzuhaben:

> *Denk an den Sabbat und heilige ihn. Sechs Tage in der Woche sollst du arbeiten und deinen alltäglichen Pflichten nachkommen, der siebte Tag aber ist ein Ruhetag für den Herrn, deinen Gott. An diesem Tag darf kein Angehöriger deines Hauses irgendeine Arbeit erledigen. Das gilt für dich, deine Söhne und Töchter, deine Sklaven und Sklavinnen, dein Vieh und für alle Ausländer, die bei dir wohnen. (2.Mo 20,8-10)*

Einmal die Woche wurden alle Ausländer dazu eingeladen am Segen Israels – einem freien Tag in der Woche – teilzunehmen. Ist das nicht fantastisch? Darüber hinaus gab es immer wieder die Einladung, mit Israel zu feiern. In 5. Mose 16 werden die wichtigsten religiösen Feste Israels aufgezählt: das Passahfest, das Wochenfest und Laubhüttenfest. Spannend ist was es dann im in diesem Text weiter heißt:

> *[...] Feiert mit euren Söhnen und Töchtern, euren Sklaven und Sklavinnen, den Leviten aus euren Städten, den Ausländern sowie den Witwen und Waisen, die unter euch leben. Denkt daran, dass ihr Sklaven in Ägypten*

[114] Prätorius, Rainer: In God We Trust: Religion un Politik in den USA. München: Beck, 2003. S.35

wart, und befolgt daher diese Vorschriften gewissenhaft. Auch das Laubhüttenfest soll am Ende der Erntezeit [...] gefeiert werden, und zwar sieben Tage lang. Bei diesem Fest sollt ihr fröhlich sein zusammen mit euren Söhnen und Töchtern, euren Sklaven und Sklavinnen, den Leviten, den Ausländern sowie den Witwen und Waisen, die in euren Städten wohnen. (5.Mo 16,11-14)

Ausländer besaßen einen Anspruch auf Versorgung, einen gesetzlichen Schutz, Religionsfreiheit, wurden aber immer wieder auch dazu eingeladen, teilzuhaben, zusammen zu essen, zu feiern, den Gott Israels kennenzulernen.

Die Multikultikirche

Auch Jeshua war ein Flüchtling, der gleich am Anfang seines Lebens in Ägypten, in der Fremde, als Ausländer aufwuchs. Selbst später, wieder in Israel angekommen, wird uns immer wieder davon berichtet, dass Christus ständig umgezogen ist. In einem Gespräch mit einem Schriftgelehrten wird Jesu Erfahrung und Lebensperspektive deutlich:

Da sagte einer der Schriftgelehrten zu ihm: »MEISTER, ich will dir nachfolgen, wohin du auch gehst!« Doch Jesus entgegnete ihm: »Füchse haben ihren Bau, und Vögel haben ihre Nester, aber der Menschensohn hat keinen Ort, wo er sich hinlegen kann.« (Mt 8,20)

Jeshua stellt sich selbst als einer dar, der hier auf der Erde keine richtige Heimat hat, und sagt zu uns:

[...] ich war ein Fremder, und ihr habt mich in euer Haus eingeladen. (Mt 25,35b)

In den folgenden Versen wird Jeshua gefragt, wann man diesen jemals in seinem Haus aufgenommen hätte. Jeshua antwortet: das, was man dem Geringsten antut, das würden wir Christus antun. Sprich: Kümmern wir uns um den Ausländer in unserer Stadt, nehmen wir ihn auf, dann nehmen wir Jeshua selbst auf! Das hier verwendete Wort aus dem griechischen Grundtext heißt *xenos* und beutet so viel wie *jemand der nicht zur Gemeinschaft dazugehört, jemand, der aus seinem Land vertrieben wurde*. Christen sollen diese Menschen im Namen Christi bei sich aufnehmen! Paulus schreibt an die Christen in Kolosser:

> *Da ist nicht mehr Grieche oder Jude, Beschnittener oder Unbeschnittener, Nichtgrieche, Skythe, Sklave, Freier, sondern alles und in allen Christus. (Kol 3,11)*

Ethnische und soziale Stellungen sollten in der Kirche KEINE Rolle spielen! Paulus verwendet in diesem Text für manche Ohren sehr provokante Menschengruppen. Er redet von Nichtgriechen. Im Grundtext wird für das Wort *Nichtgriechen* das Wort *barbaren* verwendet: so nannte man alle Menschen außerhalb der Grenzen Roms, diese wurden als unzivilisiert und rückständig verachtet, dieses Wort war oft auch ein Schimpfwort! Auch die erwähnten Skyten, ein Reiternomadenvolk, hatte es in sich. Ein umherziehendes, heimatloses Volk mit einem sehr schlechten Ruf (ähnlich unseren „Zigeunern“). Für Josephus, dem jüdischen Geschichtsschreiber, waren sie kaum mehr als wilde Tiere.[115] Teilweise wurde der Begriff Skythen auch nur als rassistischer, grober Oberbegriff

---

[115] W. Barclay, *Auslegung des Neuen Testaments: Brief an die Philipper, Brief an die Kolosser, Briefe an die Thessalonicher,* (Aussaat: 2006 Sonderausgabe), S. 174.

für eine große Anzahl verschiedener barbarischer Völker verwendet. Paulus schreibt der Gemeinde in der Übertragung also so etwas wie: *„Gemeinde, da ist nicht mehr Jude, Europäer, Araber, Zigeuner, Hartz-IVer, Leiharbeiter oder Banker...“*

So wundert es auch nicht, dass die erste Gemeinde in Jerusalem am Pfingstfest – einem Tag an dem alle Nationen in Jerusalem waren – gegründet wurde. Die erste Gemeinde hatte Tausende Mitglieder aus allen möglichen kulturellen und sozialen Schichten! Johannes Reimer stellt treffend fest: *„Gemeinde im Neuen Testament ist eine Vielvölkergemeinde. Schon die Urgemeinde in Jerusalem zeichnete sich durch einen deutlichen multikulturellen Charakter aus.“*[116]

Oder schauen wir zu der Kirchengemeinde in Antiochien – hier wurden die Jünger Jesu zum ersten Mal CHRISTEN genannt (Apg 11,26). Spannend, was es ganz kurz über die Zusammensetzung der Gemeindeleitung heißt:

> *Es waren aber in Antiochia in der Gemeinde Propheten und Lehrer, nämlich Barnabas und Simeon, genannt Niger, und Luzius von Kyrene und Manaën, der mit dem Landesfürsten Herodes erzogen worden war, und Saulus. (LU; Apg 13,1)*

Alleine an den Namen kann man einige Rückschlüsse ziehen: Simeon der Niger wird sehr wahrscheinlich ein Farbiger afrikanischer Herkunft gewesen sein; Luzius von Kyrene war möglicherweise auch Afrikaner oder Araber, denn Kyrene befand

---

[116] *Johannes Reimer „Multikultureller Gemeindebau. Versöhnung leben“* Francke-Buchhandlung, 2011; S. 43

sich in Nordafrika; Barnabas war levitischer Abstammung; Saulus war auch ein jüdischer Gelehrter, und Manaën war vermutlich der Sohn eines Sklaven des Königs Herodes. Ganz unterschiedliche Leute! Total unterschiedlich in ihrer sozialen, nationalen und kulturellen Herkunft – so sah Gemeinde aus!

Wir können festhalten, dass die Gemeinde im Neuen Testament sich immer als Gesandte zu allen Völkern verstand! Kirche ist die Botschafterin der Versöhnung der Welt:

> *Darum: Ist jemand in Christus, so ist er eine neue Kreatur; das Alte ist vergangen, siehe, Neues ist geworden. Aber das alles von Gott, der uns mit sich selber versöhnt hat durch Christus und uns das Amt gegeben, das die Versöhnung predigt. Denn Gott war in Christus und versöhnte die Welt mit sich selber und rechnete ihnen ihre Sünden nicht zu und hat unter uns aufgerichtet das Wort von der Versöhnung. So sind wir nun Botschafter an Christi statt […]. (LU; 2.Kor 5,18)*

Der Job als fromme Christen, als Gemeinde ist es, Versöhnung zu predigen. Versöhnung mit Gott, aber auch Versöhnung untereinander! Versöhnung unter den Völkern:

> *Vergesst nicht, dass ihr, die ihr keine Juden seid, aufgrund eurer Herkunft Außenstehende wart. »Unbeschnittene« nannten euch die Juden, die das äußere Zeichen der Beschneidung tragen. Damals lebtet ihr getrennt von Christus. Ihr wart vom Volk Gottes, Israel, ausgeschlossen und wusstet nichts von den Zusagen, die er ihm gegeben hatte. Euer Leben in dieser Welt war ohne Gott und ohne Hoffnung. Aber nun gehört ihr Christus Jesus. Ihr wart fern von Gott, doch nun seid ihr*

ihm nahe durch das Blut seines Sohnes. Denn Christus selbst brachte Frieden zwischen den Juden und den Menschen aus allen anderen Völkern, indem er uns zu einem einzigen Volk vereinte. Er hat die Mauer der Feindschaft, die uns früher trennte, niedergerissen. Durch seinen Tod hat er dem Gesetz mit seinen Geboten und Verordnungen ein Ende bereitet und dadurch Frieden gestiftet, indem er beide in sich zu einem einzigen neuen Menschen schuf. Er hat sie in einem Leib vereint und durch das Kreuz mit Gott versöhnt, sodass die Feindschaft ein Ende fand. Er ist gekommen und brachte die Botschaft des Friedens euch, die ihr fern von ihm wart, und den Juden, die ihm nahe waren. Durch das, was Christus für uns getan hat, können wir jetzt alle, ob wir Juden sind oder nicht, in einem Geist zum Vater kommen. Deshalb seid ihr nicht länger Fremde und ohne Bürgerrecht, sondern ihr gehört zu den Gläubigen, zu Gottes Familie. (Eph 2,11-19)

Die lokale Kirchengemeinde ist dazu aufgerufen, ethnische und soziale Barrieren zu überwinden. Wir selbst als Kirchengemeinde verstehen uns nicht in erster Linie als deutsche Gemeinde – wir sind die *Jesus Gemeinde*! Wenn Sie zu uns gehören möchten, dann müssen Sie nicht deutsch werden, Sie müssen Jeshua lieben (wobei es sicherlich nicht hinderlich ist, deutsch zu sprechen und zu verstehen)! Christen sind eine Familie, ihre Heimat ist nicht Deutschland, der Iran, Polen oder sonst eine Nation, sondern der Himmel ist ihre gemeinsame Heimat!

Ich hoffe, ich konnte mit meiner kleinen Reise durch die Bibel belegen, dass Rassismus und der christliche Glaube NICHT zusammenpassen. Oder anders gesagt: Den Fremden zu hassen bedeutet, Gottes Gebote zu übertreten und sich mit dem Schöpfer selbst – der sich mit dem Fremden identifiziert – anzulegen! Kirche hat die Möglichkeit zu reagieren und z. B. angeblich frommen politisch Verantwortlichen, die sich entsprechenden rechtspopulistischen Parolen bedienen, anzudrohen, diese aus der Kirche auszuschließen, falls diese weiter die Gebote Gottes und die Menschenwürde der Fremden mit Füßen treten. Der Umgang mit dem Ausländer im eigenen Land geht für Fromme eindeutig über eine passive Duldung hinaus:

> *Wenn ein Fremdling bei euch wohnt in eurem Lande, den sollt ihr nicht bedrücken. Er soll bei euch wohnen wie ein Einheimischer unter euch, und* ***du sollst ihn lieben wie dich selbst****; denn ihr seid auch Fremdlinge gewesen in Ägyptenland. Ich bin der HERR, euer Gott.* (LU; 3.Mo 19,33f)

Parteien wie die NPD, Die Freiheit, aber auch etablierte Parteien, die sich ebenfalls hier und da rechtspopulistischen Parolen bedienen, gehören von der Kirche eindeutig und öffentlich verurteilt, und gleichzeitig sind alle Frommen dazu aufgerufen, der Welt zu zeigen, dass es auch anders gehen kann und Multikulti eben nicht gescheitert ist, sondern im Namen des MEISTERS gelingen kann.[117]

---

[117] Buchtipp: Johannes Reimer „Multikultureller Gemeindebau. Versöhnung leben" Francke-Buchhandlung, 2011

Ökologie

Treffen sich zwei Planeten weit draußen im Weltraum. Sagt der eine Planet zu dem anderen Planeten: „Na, du siehst ja aus!" Erwidert der andere: „Mir geht es auch gar nicht gut." „Was hast du denn", fragt der Erste. „Ich habe homo sapiens", klagt der zweite. „Ach", lacht der erste Planet, „mach dir nichts draus, das hatte ich auch schon mal, das geht schnell vorbei."

Für manche Frommen ist es ein zu vernachlässigendes Thema: der Umweltschutz. Der Mensch ist doch schließlich das Wichtigste, die Krone der Schöpfung. Gott hätte unabhängig von unserem Handeln versprochen, es Sommer und Winter werden zu lassen und auf ewig Saat und Ernte verheißen. So lauten etwa Argumente, mit denen vor allem in den USA, aber auch mehr und mehr hierzulande die Verantwortung für die Klimaerwärmung und den Umweltschutz von Frommen geleugnet oder relativiert werden.

Aber verändert sich das Klima wirklich aufgrund von menschlichen Einflüssen? Oder ist dies – wie wir es jetzt auch vermehrt in Deutschland hören können – alles eine Klimalüge? Immer mehr Wissenschaftler würden beispielsweise den CO2-Einfluss auf das Klima bestreiten. Aber stimmt das? Vor allem in den USA werden diese Dinge zum Teil sehr hitzig diskutiert. Die Wissenschaft sei in der Klimafrage zutiefst gespalten, sogenannte Erkenntnisse könnten daher nicht mehr als gesichert gelten. Ein Erfolg der Lobbyisten, der anhand weniger Beobachtungen angezweifelt werden sollte. Schaut man in den USA TV oder liest in einer Fachzeitschrift über dieses Thema, dann bekommt man schnell den Eindruck, dass Befürworter und Kritiker tatsächlich gleichauf liegen.

Eine Untersuchung von Maxwell und Jules Boykoff erklärt, wie es zu diesem Medienbild kommt, beide prägten das Wortspiel „Balance as bias". Viele Journalisten versuchen demnach beide „Seiten" der Klimaforschung darzustellen und räumen beiden Argumenten und Erkenntnissen in ihren Publikationen gleich viel Platz ein. Die mediale Ausgewogenheit entspricht aber nicht der tatsächlichen wissenschaftlichen Meinung. So stimmten **97 % der im Fachbereich publizierenden Wissenschaftler der folgenden Aussage zu: „Menschliche Aktivität ist ein signifikant beitragender Faktor bei der Veränderung der mittleren globalen Temperatur."**[118]

In der Vergangenheit war es so, dass die Tabaklobby zu den finanzstärksten Lobbyisten zählten, sie finanzierten regelmäßig diverse „wissenschaftliche Studien", die die Gesundheitsgefährdung durch Tabakkonsum und im Speziellen einen Zusammenhang zwischen dem Konsum und Lungenkrebs leugneten. In den letzten 20 Jahren ist eine viel mächtigere Lobbyorganisation entstanden, die es sich zur Aufgabe gemacht hat, die sogenannte Klimalüge zu enttarnen. Zwischen den Jahren 1998 und 2005 hat alleine ExxonMobil, als einer **von 43 weiteren Mitgliedern**, 16 Millionen US-Dollar in eine solche Lobbyorganisation gesteckt.[119] Laut Greenpeace unterstützten Koch Industries und die Milliardärsbrüder David und Charles Koch ähnliche Organisationen mit weiteren 48 Millionen US-

---

[118] Doran, Peter T.; Kendall Zimmerman, Maggie (2009): *Examining the Scientific Consensus on Climate Change*, in: Eos, Vol. 90, No. 3, 20. Januar 2009

[119] The Union of Concerned Scientists "Scientists' Report Documents ExxonMobil's Tobacco-like Disinformation Campaign on Global Warming Science" URL: http://www.ucsusa.org/news/press_release/ExxonMobil-GlobalWarming-tobacco.html (Stand: 03.01.2007)

Dollar.[120] Eine hundert Millionen Dollar starke Interessengruppe, die das Bild verzerren möchte.

Der in mehreren Sprachen übersetzte Dokumentarfilm „Die Klimalüge" ist ein gutes Beispiel für diese Lobbyarbeit. Er basiert hauptsächlich auf einem Aufsatz von Willie Soon und Sallie Baliunas, der in der Zeitschrift *Climate Research* 2003 veröffentlicht wurde. In dem Aufsatz kamen sie zu der Schlussfolgerung, dass in der Gegenwart weder die wärmsten Jahre des 2. Jahrtausends noch die mit den extremsten Wetterereignissen zu finden seien und dass der menschliche Treibhauseffekt überschätzt werde.[121] Aufgrund erheblicher methodischer Fehler distanzierten sich nach der Veröffentlichung Otto Kinne (Herausgeber) und Hans von Storch (Chefredakteur) von dem Artikel. Auch nachdem immer mehr über die Finanzierung durch das *George C. Marshall Institute* – die lange gegen eine Begrenzung der Kohlenstoffdioxid-Emissionen gekämpft hatten – bekannt wurde, trat Storch wenige Wochen später sogar von seinem Posten als Chefredakteur zurück!

„Die Folge? Soon wurde zum Star. Die Regierung Bush zitierte ausgiebig Soons Studie, um zu beweisen: Klimaschutz ist unnötig. Republikanische Senatoren sagten: «Ist der Klimawandel

---

[120] John Vidal "US oil company donated millions to climate sceptic groups, says Greenpeace" URL: http://www.guardian.co.uk/environment/2010/mar/30/us-oil-donated-millions-climate-sceptics (30.03.2010)

[121] William J. Cromie "Global warming is not so hot: 1003 was worse, researchers find" URL: http://news.harvard.edu/gazette/2003/04.24/01-weather.html (Stand: 2007)

der größte Schwindel, dem die Welt je aufgesessen ist? Es sieht so aus!»"[122]

Gott sei Dank rekrutiert sich jetzt auch aus dem evangelikalen Lager Wiederstand gegen diese Thesen. „Die neuen Evangelikalen in den USA" – wie sie Marcia Pally in ihrem gleichnamigen Buch nennt – versuchen durch Spenden für Erneuerbare Energien, bis hin zu politischer Lobbyarbeit, die auf staatliche Regulierungen drängen sollen, alles, um gegen Umweltsünden vorzugehen.[123]

Aber nicht nur in den USA, auch in Deutschland sind vermehrt Lobbyisten unterwegs, die von der Umweltlüge predigen. Zu nennen wäre hier z. B. RWE-Manager Fritz Vahrenholts Buch „Die kalte Sonne"[124] oder die Serie „Die CO2-Lüge" der BILD-Zeitung[125], die allesamt ähnlich argumentieren wie ihre Lobbykollegen in den USA.

Aber ganz so einfach können wir unsere „Umweltsünden" nicht rechtfertigen. Zunächst eine kleine Begriffserklärung:

- Umwelt, das ist die den Menschen umgebende Welt.

---

[122] Constantin Seibt "Seine Skepsis ist 1 Million Dollar wert" URL: http://www.tagesanzeiger.ch/wissen/natur/Seine-Skepsis-ist-1-Million-Dollar-wert/story/26840042 (Stand: 30.06.2011)

[123] „Die neuen Evangelikalen in den USA. Freiheitsgewinne durch fromme Politik"; Marcia Pally; Berlin, 2010 Seite 166ff

[124] Fritz Vahrenholts; Die kalte Sonne: Warum die Klimakatastrophe nicht stattfindet; Hoffmann und Campe (7. Februar 2012)

[125] WERNER WEBER. "Globale Erwärmung Die CO2-Lüge" URL: http://www.bild.de/politik/inland/globale-erwaermung/die-co2-luege-klima-katastrophe-ist-panik-mache-der-politik-22467268.bild.html (Stand: 06.02.2012)

- Sünde, das ist die Verfehlung eines göttlichen Zieles.

Als Gott den Menschen schuf, übertrug er ihm einen Auftrag*: „Gott, der Herr, brachte den Menschen in den Garten Eden. Er sollte* ***ihn bebauen und bewahren.*** *“ (Gen 2,15)* Statt vom Umweltschutz könnten Christen auch von dem Bewahrungsauftrag der Schöpfung sprechen. Da, wo der Mensch diesen Auftrag ignoriert und ihm nicht nachkommt, verfehlt er ein von Gott gesetztes Ziel und sündigt nach unserer Wortdefinition. In der Ökologie spricht man etwa von nachhaltigen Handeln, vom verantwortlichem Umgang mit Ressourcen und vielem mehr. All dies versucht im Grunde nichts anderes, als den uralten göttlichen Auftrag, die Erde zu bewahren, zu beschreiben.

Diese Themen sollten vor allem den Christen nicht fremd sein, wissen sie doch, dass Gott der Eigentümer der Erde ist (3. Mo 25,23), wir Menschen lediglich seine Verwalter derselben sind (Ps 8,5) und am *jüngsten Tag* (dem Tag, an dem nach christlicher Tradition alle Menschen vor Gottes Gericht erscheinen werden) auch die zur Rechenschaft gezogen werden, die sich an Gottes Eigentum – der Erde – versündigt haben: *„[...] dass du den Lohn gibst deinen Knechten [...]und die du verdirbst, welche die Erde verderben.“ (ELB; Offb 11, 18)*

Mit dem Fall des Menschen, der Infizierung mit der Sünde und der Abkehr vom Schöpfer, wurde nach christlichem Verständnis die gesamte Schöpfung ins Chaos gestürzt. Der Mensch, ja sogar die Tiere und Natur, sind erlösungsbedürftig geworden.

> ***Alles auf Erden*** *wurde der Vergänglichkeit unterworfen. Dies geschah gegen ihren Willen durch den, der sie unterworfen hat. Aber* ***die ganze Schöpfung*** *hofft auf den Tag, an dem sie von Tod und Vergänglichkeit befreit*

*wird zur herrlichen Freiheit der Kinder Gottes. Denn wir wissen, dass die **ganze Schöpfung** bis zu diesem Augenblick mit uns **seufzt** [...]. (NL; Rö 8,20ff)*

Ökoquiz

Bevor wir der Systemkritik des MEISTERS weiter lauschen wollen, lade ich Sie ein, ein kleines Ökoquiz zu machen und folgende Fragen zu beantworten (die Antworten finden Sie jeweils in den Fußnoten):

1. Wie viel Liter Wasser braucht man, um ein Kilo Fleisch zu produzieren?[126]

- A: 20 Liter
- B: 2.000 Liter
- C: 20.000 Liter

2. Wie viel Prozent der Erdoberfläche werden zurzeit für die Viehhaltung genutzt?[127]

- A: 5 %
- B: 24 %
- C: 50 %

---

[126] Antwort C: 20.000 Liter Wasser sind nötig, um ein Kilogramm Fleisch zu produzieren - aber nur 50 Liter, um ein Kilogramm Weizen zu ernten.

[127] Antwort B: 24 % der Erdoberfläche nutzt der Mensch zur Viehhaltung. Zumindest auf einem Teil dieser Flächen könnte auch Getreide angebaut werden. Seit 1960 sind mehr als 25 % der Regenwälder abgeholzt worden, um Viehweiden Platz zu machen - die aber in der Regel nur wenige Jahre fruchtbar sind, da die Humusdecke, etwa im Amazonasgebiet, nur sehr dünn ist. Um Tiere zu züchten, werden circa 80 % der landwirtschaftlichen Fläche genutzt. Auf einem Hektar Land können 22.500 Kilogramm Kartoffeln angebaut, oder 185 Kilogramm Rindfleisch produziert werden. Je nach Tierart werden bis zu zwölf Kilokalorien Weizen benötigt, um eine Kilokalorie Fleisch zu erzeugen.

3. Wie viel Prozent der Agrarfläche werden zurzeit in Deutschland für die Produktion der Futtermittelproduktion genutzt?[128]

- A: 10 %
- B: 40 %
- C: 60 %

4. Wie viel Prozent der Treibhausgase werden durch die Viehhaltung produziert?[129]

- A: 5 %
- B: 25 %
- C: 51 %

5. Wie viel Tonnen Fisch dürfen jährlich aus dem Meer gefischt werden?[130]

- A: 8 000 Tonnen
- B: 8 000 000 Tonnen
- C: 80 000 000 Tonnen

6. Wie viele Tiere werden jedes Jahr für unseren Fleischkonsum getötet? *(Zurzeit leben 7 Milliarden Menschen auf der Erde, nur ein Bruchteil von Ihnen kann sich Fleisch leisten).*[131]

---

[128] Antwort C: Der hohe Fleischkonsum beansprucht unnötig viel Agrarfläche. So werden in Deutschland 62 % der landwirtschaftlichen Nutzfläche zur Futtermittelproduktion genutzt. Das sind 10,4 Millionen Hektar. Zusätzlich belegt unser Fleischhunger 2,3 Mio ha Sojafläche, überwiegend in Südamerika.

[129] Antwort C: Jetzt hat das renommierte World Watch Institut eine neue Zahl veröffentlicht: Für mindestens 51 % ist der von Menschen für den menschlichen Konsum geschaffene Tierbestand verantwortlich - wenn man neben dem von den UN unterschätzten Methan auch Abholzung und Atmung einberechnet - zum Vergleich der Verkehr (Auto & Flugzeug) sind für ca. 14 % verantwortlich. Ein Rind stößt in einem Jahr genauso viel Treibhausgase aus wie ein Pkw in einem Jahr (bei 18.000 Kilometern pro Jahr). Durch die weltweite Rinderzucht entstehen mehr klimaschädigende Gase als durch alle Autos zusammen.

[130] Antwort C: Die weltweite Fangmenge liegt etwa bei 80 Millionen Tonnen pro Jahr.

- A: 5.000.000.000 (5 Milliarden)
- B: 22.000.000.000 (22 Milliarden)
- C: 53.000.000.000 (53 Milliarden)

7. Wie vielen Tierarten droht zur Zeit ein Aussterben?[132]

- A: 5.000
- B: 10.000
- C: 17.000

8. Wie lange lebt ein Hähnchen in der Massentierhaltung?[133]

- A: 5 Wochen
- B: 10 Wochen
- C: ½ Jahr

9. Wie viele Atomendlager gibt es weltweit?[134]

---

[131] Antwort C: Weltweit werden jährlich 53 Milliarden Landtiere geschlachtet, oft nach Lebensumständen, die wir unseren Haustieren niemals zumuten würden.

[132] Antwort C: 16.928 Tierarten droht die Ausrottung. Da aber nur ca. 2,7 % der 1,8 Millionen bekannten Arten untersucht wurden, ist diese erschreckende Zahl in Wahrheit eine grobe Unterschätzung. In einer Studie aus dem Jahr 2006 warnten Forscher vor dem größten Artensterben seit dem Untergang der Dinosaurier. "Wir sind verantwortlich für das sechste große Artensterben der Erdgeschichte", heißt es im "2. Global Biodiversity Outlook". Und in einer Studie des Fachmagazins "Nature" schreiben die Verfasser, jede vierte Tier- und Pflanzenart könnte bereits bis zum Jahr 2050 ausgestorben sein.

[133] Antwort A: Kein anderes Nutztier wurde in den vergangenen Jahrzehnten so "perfekt" an die Haltungssysteme der industriellen Massentierhaltung angepasst, wie das Masthähnchen. In nur 38 Lebenstagen (zum Vergleich: unter natürlichen Lebensbedingungen kann die Lebenserwartung bei Hühnern 10 Jahre betragen) erreicht es sein Schlachtgewicht.

[134] Antwort C: Anfang 2011 gab es noch in keinem der 30 Staaten, die Kernenergie nutzen, ein geeignetes Endlager für hochaktiven Atommüll, obwohl entsprechende Planungen und Vorarbeiten in vielen Ländern seit etwa vier Jahrzehnten laufen. Grundlage für die Suche ist eine Langzeitsicherheit von einer Million Jahren. Gesucht wird in Tiefen zwischen 300 und 1500 Metern, in denen beispielsweise Seismik, Störungspotenziale im Deckengebirge oder Isolationsvermögen des Gesteins stimmen müssen. Radioaktive Stoffe sind so lange gefährlich, bis sie in andere, nichtradioaktive Stoffe zerfallen sind. Die Halbwertzeiten der Bestandteile vieler radioaktiver Abfälle

- A: 50
- B: 10
- C: 0

Und was für ein Ergebnis haben Sie erzielt? Haben Sie die Antworten überrascht? Das Ergebnis hat Ihnen vielleicht wir mir gezeigt, dass es in Punkto Umweltschutz und Nachhaltigkeit noch viel zu lernen gibt.

Zur Nachhaltigkeit gerufen

Die Christen, die die Erlösung durch Gottes Gnade bereits schmecken durften, sollten ein Interesse daran haben, dass durch ihre Verkündigung und ihr Handeln die ganze Schöpfung Erlösung erfährt. Im Gegensatz zu ihrem Mitmenschen ist aber selbstverständlich dem Tier oder dem Baum nicht durch Wortverkündigung, sondern nur durch eine Rückbesinnung zum Bewahrungsauftrag geholfen! Es gibt auch noch ein anderes biblisches Wort, das den Auftrag zur Nachhaltigkeit beschreiben könnte: *gute „Haushalter“* zu sein.

> *Dafür halte uns jedermann: für Diener Christi und Haushalter über Gottes Geheimnisse. Nun fordert man nicht mehr von den Haushaltern, als dass sie für treu befunden werden. (LU; 1.Kor 4,1f)*

Gottes Schöpfung ist voll von seinen Geheimnissen, diese und alle anderen geistlichen Geheimnisse Gottes sollten die Frommen eigentlich alle treu verwalten. Ich habe im Internet

---

zeigen, dass das lange dauert. Von Plutonium-239 zerfällt beispielsweise innerhalb von 24.400 Jahren die Hälfte (!) der Ursprungsmenge, bei Jod-129 liegt die Halbwertzeit bei 15,7 Millionen Jahren.

auf der Seite www.footprint-deutschland.de einmal meine persönliche Nachhaltigkeitsquote anhand meines ökologischen Fußabdruckes – sprich wie viel Fläche ich durch mein Leben im Jahr verbrauche (Öl, Konsum, Ernährung etc.) – errechnen lassen. Mein ökologischer Fußabdruck ist 4.7 Hektar. Ein fairer Fußabdruck sollte aber nur 1.8 Hektar groß sein, denn wenn alle meinen Lebensstil hätten, benötigten wir 2.61 Erden. Der Ehrenrettung halber weise ich aber darauf hin, dass ich mich mit meinem Fußabdruck wenigstens unter dem deutschen Durchschnittsabdruck von 5.1 Hektar bewege. Und doch muss ich als Fazit folgenden Schluss ziehen: Nachhaltige Haushalterschaft sieht anders aus!

Unglaublich, aber unser Lebensstil ist demnach streng genommen sogar grundgesetzwidrig. Da heißt es in Artikel 20a: *„Der Staat schützt auch in Verantwortung für die künftigen Generationen die natürlichen Lebensgrundlagen und die Tiere im Rahmen der verfassungsmäßigen Ordnung durch die Gesetzgebung und nach Maßgabe von Gesetz und Recht durch die vollziehende Gewalt und die Rechtsprechung."*

Aber gehen wir mal von diesem Schwenker zum Grundgesetz zurück zur Bibel. Eine kleine Reise durch die Bibel zeigt, wie tief dieser Auftrag der **nachhaltigen Haushalterschaft** eigentlich in das Leben der Frommen verankert gehört. Ja selbst in Ausnahmefällen wie im Kriegsfall war es geboten, sich nachhaltig an der Natur – ja selbst an den Ressourcen der Feinde – zu verhalten:

> *Müsst ihr eine Stadt lange belagern, um sie einzunehmen, sollt ihr keine Obstbäume fällen, sondern ihre Früchte essen. Legt keine Axt an sie. Sie sind doch keine Feinde, die ihr angreifen müsst! (NL; 5.Mo 20,19)*

Die bekannte Osterinsel ist – wie ich finde - ein gutes Beispiel dafür, was es bedeuten kann, keine guten Haushalter und Bewahrer der Schöpfung zu sein. Die Insel wurde recht spät, erst um das Jahr 900 n. Chr. besiedelt, 1722 wurde sie von uns Europäern entdeckt. Jeder kennt heute die riesigen Statuen auf der Insel, es gibt 887 Stück davon. Die größte Figur ist 21 Meter hoch und wiegt ganze 270 Tonnen. Wie haben die Inselbewohner diese riesigen Statuen aufstellen können? Diverse Analysen und Wurzelabdrucke belegen, dass die Insel einst dicht mit Palmen bewachsen war – die Palmwälder bedeckten nach seriösen Schätzungen etwa 70 Prozent der Inselfläche. Dann plötzlich begann, in der Mitte des 13. Jahrhunderts, die Abholzung der Palmwälder. Wahrscheinlich wurde das Holz für die Boote, für den Transport und die Aufrichtung der Steinfiguren und wohl auch als Getränk gebraucht – eine gefällte Honigpalme liefert über 400 Liter eines zuckerhaltigen Saftes. Die Folgen waren dramatisch: Wo der Palmwald abgeholzt war, trocknete der Boden unter dem vorherrschenden Wind aus und wurde durch Regen und bei Stürmen davongetragen. Ein großer Teil des Gebietes wurde für den Anbau gänzlich ungeeignet. Es kam, wie es kommen musste: Hungersnöten waren die Folge und die Bevölkerung ging um 70 % zurück. Es kam sogar zu Kannibalismus, und um 1680 zu Bürgerkriegen (sprich bloß 300 Jahre später), in deren Verlauf die meisten der Steinfiguren umgekippt wurden – die Statuen wurden zum Symbol ökologischer Unvernunft. Captain Cook, der die kahle Insel 1774 erreichte, beschrieb die Einwohner als „klein, mager, ängstlich und elend".[135]

---

[135] Jürgen Paeger; "Eine Botschaft von der Osterinsel" URL: http://www.oekosystem-erde.de/html/osterinsel.html (Stand: 2006)

Was für ein mahnendes Beispiel für den schonungslosen Raubbau an der Natur. Zurück zur Bibel. Nachhaltigkeit war in der Bibel ein Gebot des Alltags:

> *Wenn ihr unterwegs auf dem Boden oder in einem Baum ein Vogelnest findet, in dem junge Vögel oder Eier mit der Vogelmutter sind, dann sollt ihr nicht die Mutter zusammen mit den Jungen nehmen. Die Jungen dürft ihr nehmen, die Mutter sollt ihr aber fliegen lassen. Dann wird es* ***euch gut gehen*** *und* ***ihr werdet lange leben.*** *(NL; 5.Mo 22,6f)*

Der Großvater geht mit seinem etwas bockigen Enkel in einem Bio-Laden einkaufen. Da sagt der Enkel: „Na danke, das sind aber runzelige Tomaten und schrumpelige Äpfel. Das ganze Gemüse hat schon Falten wie Furchen." „Das ist eben Bio, das muss so sein“, antwortet der Opa. Daraufhin der Enkel zum Opa: „Na, dann bist du aber auch ganz schön Bio, Alter.“

Die Bibel fordert einen nachhaltigen Anbau von Lebensmitteln, diese Lebensmittel müssen nicht alle mit einem Siegel zertifiziert sein – nach dem Motto: Christen dürfen nur noch „BIO“ kaufen –, aber für eine nachhaltige Landwirtschaft sollten sich alle Christen eigentlich als Gottes Haushalter einsetzen!

Nachhaltigkeit bedeutet einfach, die Zukunft verantwortlich im Blick zu haben, etwas so anzubauen, dass wir alle lange etwas davon haben und nicht nur wenige, sondern alle davon profitieren! In der Apokalypse des Johannes, der Offenbarung, gibt es die Geschichte von den vier apokalyptischen Reitern – ein grausiger Blick in die geistliche Welt. Aber in unserem Zusammenhang höchst interessant. Von dem dritten Reiter heißt es nämlich :

> *Und ich hörte eine Stimme mitten unter den vier Gestalten sagen: Ein Maß Weizen für einen Silbergroschen und drei Maß Gerste für einen Silbergroschen; aber dem Öl und Wein tu keinen Schaden! (LU; Offb 6,6)*

Weizen, das war das Grundnahrungsmittel Nummer eins! Ein Maß Weizen für einen Silbergroschen entspricht einer acht- bis zwölffachen Verteuerung, einem ganzen Tageslohn! Wenn dieser Tagelöhner noch eine Familie zu ernähren hat, dann bedeutet diese Verteuerung bitterer Hunger! Gerste war damals vor allem Tierfutter, auch dieses wird – so prophezeit es die Bibel – eines Tages von einer riesigen Verteuerungswelle betroffen sein und für Mensch und Tier für Hunger sorgen. Spannend ist aber, dass Öl und Wein nicht von dieser Verteuerung betroffen sein wird! Öl und Wein sind im Sprachgebrauch der Offenbarung ein Bild für Luxusartikel der Reichen. Die Reichen werden von der prophezeiten weltweiten Verteuerung der Grundnahrungsmittel am Ende der Zeit nichts merken. Sie werden davon nicht betroffen sein. Grausame Ereignisse die die Bibel für die Endzeit (nach chr. Lehre die letzten Tage der Menschheit vor der Wiederkunft Jesu) ankündigt. Aber machen wir uns nichts vor: Das ist eine Entwicklung, in der wir mittendrin stecken und für die wir selbst verantwortlich sind! Für viele Menschen ist so ein Szenario bittere Realität.

Abzulesen ist die Verteuerung der Nahrungsmittel in Deutschland meist nur an dem Anstieg der Inflationsrate. Lebensmittel kosten insgesamt etwa 15 % mehr als vor fünf Jahren. Aber wir sind nicht der Maßstab! Wir sind nicht die Welt, in den restlichen Teilen der Welt sieht das ganz anders aus! Das Recht auf Ernährung ist ein Menschenrecht, aber es ist nicht viel wert.

> *Dramatische Entwicklung bei den Nahrunsmittelpreisen: Die zwischen Dezember und Januar 2011 verzeichnete Teuerung sei die höchste jemals festgestellte, gab die in Rom ansässige UNO-Organisation für Ernährung und Landwirtschaft (FAO) bekannt. Im Januar seien vor allem die Preise für Lebensmittel bis auf Fleisch stark angestiegen. «Die neuen Daten zeigen, dass der Aufwärtstrend bei Lebensmittelpreisen nicht nachlässt», warnte Abdolreza Abbassian, Ökonom und FAO-Experte für den Getreidemarkt.*[136]

Was reitet die Christen, dass sie das zulassen? Ich bin so frei zu behaupten, dass der beschriebene dritte apokalyptische Reiter unsere westliche Welt reitet und so die Verteuerung, die uns Reichen selbst fast gar nicht weh tut, vorantreibt.

Interessant ist auch der vierte apokalyptische Reiter, dessen Name TOD ist und dem der Hades, die Hölle, folgen wird. Ihm wird eines Tages – vielleicht erleben wir das bald – die Vollmacht gegeben, ein Viertel der Menschheit zu töten. Interessant ist, wie er es tun wird. Unter anderem heißt es hier: Durch das Schwert und den Hunger! Genau darauf bereiten sich heute schon führende Industrienationen vor. Verteilungskriege, Kriege um Wasser und Ackerland – Präventionsmaß-

---

[136] 20 Minuten AG "Nahrungsmittel verteuern sich dramatisch" URL: http://www.20min.ch/finance/news/story/13429508 (Stand: 03.02.2011)

nahmen gegen den Hunger und das Verhungern, wenn wir so wollen.

Spiegel online zitiert aus einer US-Untersuchung zur Einschätzung zukünftiger Konfliktherde, dass vor allem der Krieg um Wasserressourcen in den nächsten Jahren entscheidend werden dürfte:

> *[...] Der Mangel an Trinkwasser wird in Zukunft weltweit Konflikte auslösen. Schon ab 2022 steigt das Risiko laut einem US-Bericht dramatisch an, betroffen sind vor allem Entwicklungsländer. Wer den Zugang zu Wasser kontrolliert, könnte damit Kriege gewinnen [...].*[137]

China will scheinbar das Schmelzwasser aus dem Himalaja mit Dämmen vor Indien und Pakistan ableitet.[138] Gleichzeitig sperrt die indische Regierung die Menschen von Bangladesch (Klimaflüchtlige) mit einem neuen 3000 km langen Grenzzaun mit militärischer Bewachung in ihr flaches, bald staubtrockenes Land regelrecht ein.[139]

---

[137] Spiegel online. "Expertise der Geheimdienste US-Bericht warnt vor Ära der Kriege um Wasser" URL: http://www.spiegel.de/politik/ausland/0,1518,823207,00.html (Stand: 22.03.2012)

[138] Stefan Stein "Wie den Flüssen das Wasser abgegraben wird" URL: http://www.pm-magazin.de/a/wie-den-fl%C3%BCssen-das-wasser-abgegraben-wird (Stand: 2012)

[139] Matthias Lauerer "Indische Todesgrenze Wo Bräute und Bauern sterben" URL: http://www.spiegel.de/politik/ausland/indische-todesgrenze-wo-braeute-und-bauern-sterben-a-781819.html (Stand: 18.09.2011)

Bleiben wir nur mal beim Thema Wasser.[140] Ein anderes Beispiel ist der Nil:

> *[...] Ägypten erhebt Anspruch auf den größten Teil des Nilwassers, mit dem es gut 90 Prozent seines Wasserbedarfs deckt. Der Staat ist also von Wasserressourcen abhängig, die außerhalb seiner Grenzen entspringen; 86 Prozent des Nilwassers entstammen der Äthiopischen Hochebene. Auch aus diesem Grunde reagierte Ägypten zum Beispiel mit politischen und militärischen Drohgebärden auf ein äthiopisches Vorhaben, große Staudämme am Oberlauf des Nils zu bauen. Auch gegenüber dem Sudan hat Ägypten in der Vergangenheit Druck ausgeübt: Sudanesische Überlegungen, den Vertrag von 1959 zwischen Sudan und Ägypten über die Nutzung des Nilwassers zu kündigen, führten zu ähnlichen Drohungen [...].*[141]

An den biblischen Flüssen Jordan, Euphrat und Tigris gibt es ähnliche politische und militärische Spannungen. Diese Spannungen werden sich in den nächsten Jahren verschärfen! Übrigens – das prophezeit die Bibel auch – wird Gott durch einen sechsten Engel den Euphrat austrocknen lassen.[142] All das passt in das Bild, das uns die Klimaforschung heute prognosti-

---

[140] Siehe auch Frank Kürschner-Pelkmann. Brot für die Welt. „Wasser im Nahen Osten. Hintergrund-Material 6" URL: http://www.wasser-und-mehr.de/pdf/2_5_2_wasser-nahost.pdf (Stand: 07.2003)

[141] Bundeszentrale für politische Bildung "Zur Rolle der Ressource Wasser in Konflikten" URL: http://www.bpb.de/themen/X80AUV,1,0,Zur_Rolle_der_Ressource_Wasser_in_Konflikten.html (Stand: 16.08.2006)

[142] Offenbarung 16: 12-16

ziert. Eine furchtbare Vorstellung: In den letzten Tagen dieser Erde werden wir uns um das Wasser streiten!

> *„[...] Überschwemmungen, Mangel an sauberem Wasser, kombiniert mit Armut, sozialen Spannungen, Führungsschwäche und schwachen Regierungen werde zu Instabilität beitragen, die zum Zusammenbruch mehrerer Staaten führen könne, heißt es in dem Bericht, der vom US-Außenministerium anlässlich des Weltwassertags veröffentlicht wurde. Clinton, die ein neues Partnerschaftsprogramm vorstellte, das anderen Nationen Zugang zu US-Expertise im Wasser-Management gewähren soll, nannte die in dem Bericht formulierten Erkenntnisse ernüchternd. "Diese Gefahren sind real, und sie werfen einige ernste Sicherheitsfragen auf", sagte sie [...].*[143]

An dieser Stelle möchte ich mit einer Fehleinschätzung einiger Frommer aufräumen: Manche dieser fühlen sich nämlich tatsächlich in ihrer passiven Haltung gegenüber den Klimaveränderungen, drohenden Verteilungskriegen etc. anhand dieser prophetischen Texte fatalerweise bestärkt. Doch der Auftrag der Christen ist es nicht, die Apokalypse mit all ihren schrecklichen Ereignissen herbeizusehnen, im Gegenteil! Der Auftrag der Christen ist es, sich mit aller Macht diesen Ereignissen entgegenzustellen! So spricht Paulus beispielsweise von einer Macht – dem KATECHON –, das die Apokalypse bis zu ihrer Räumung aufhalten würde.[144] Diese aufhaltende Macht, dieses

---

[143] Spiegel online. "Expertise der Geheimdienste US-Bericht warnt vor Ära der Kriege um Wasser" URL: http://www.spiegel.de/politik/ausland/0,1518,823207,00.html (Stand: 22.03.2012)

[144] 2. Thessalonicher 2, 4- 8

KATECHON, ist nach meinen exegetischen Überlegungen nichts anderes als die Summe der Gläubigen, denen auch Jeshua selbst einen konservierenden, erhaltenden Auftrag erteilte. Die christliche Kirche. Kirche hat demnach einen göttlichen Auftrag sich entschieden gegen alles zu stellen, das diese Welt zerstört!

Zum Tierschutz aufgefordert

Wir sind ja eigentlich immer noch auf unserer Reise durch die Bibel, was sie uns über Nachhaltigkeit zu sagen hat. Gehen wir also weiter auf unserer Reise: **Stichwort Tierschutz.**

Was sagt die Bibel dazu? Es ist schon interessant, wie Gott dem Propheten Jona den Kopf wusch, als der die Stadt Ninive lieber zerstört, als verschont gesehen hatte:

> *Ninive aber hat über 120.000 Einwohner, die nicht zwischen links und rechts unterscheiden können,* ***ganz zu schweigen von den vielen Tieren****. Sollte ich eine so große Stadt nicht schonen?«(NL; Jo4,11)*

Gott verpflichtete sich nach der Sintflut, nicht nur dem Menschen, sondern schloss mit dem Versprechen, nie wieder die ganze Erde durch eine Flut zu strafen, einen ewigen Bund mit Mensch und Tier:

> *Ich schließe einen Bund mit euch und euren Nachkommen; mit* ***allen Tieren, die mit euch auf dem Schiff waren – den Vögeln, den zahmen und den wilden Tieren – mit allen Lebewesen auf der Erde****: Ich gebe euch das feste Versprechen, niemals mehr durch eine Flut die Erde und alle Lebewesen zu vernichten. (NL; 1Mo9,9-11)*

Gott ist seine Schöpfung nicht egal, er kennt jeden Spatz, der zu Boden fällt (Mt10,29) und möchte, dass wir Menschen – seine Verwalter – auch dem Tier Erbarmen zeigen. So sollen wir etwa ein entlaufenes Schaf nicht seinem Schicksal überlassen und es – selbst wenn es uns nicht gehört – bei uns zu Hause aufnehmen (5. Mo22,1f), einem gestürzten Esel aufhelfen (22,4) und dem dreschenden Ochsen nicht am „Mehl Naschen“ hindern indem wir ihm das Maul verbinden (5.Mo25,4). Haben Sie das gewusst, dass Gott allen Nutztieren mindestens einen freien Tag in der Woche per Gesetz verordnete.

> *Sechs Tage sollt ihr arbeiten. Aber am siebten Tag sollt ihr ruhen, damit euer Rind und euer Esel die Möglichkeit haben auszuruhen und auch der Sohn eurer Sklavin sowie der Ausländer sich erholen können. (NL; 2Mo23,12)*

Tierschutz ist ein Zeichen der Gerechten:

> *Der Gerechte erbarmt sich seines Viehs; aber das Herz der Gottlosen ist unbarmherzig. (LU; Spr12,10)*

Das heilsgeschichtlich wichtige Versprechen, die Erde niemals wieder zerstören zu wollen, das Gott einst Noah gab, sollte all jene, die immer noch abfällig über das Tier urteilen, zu denken geben. Denn Gott sind seine Tiere so wichtig, dass er sie in dem sogenannten noahitischen Bund explizit mit einbezieht – sprich er verbündet sich und verspricht dem Menschen **und dem Tier** etwas Außergewöhnliches:

> *Dann sprach Gott zu Noah und seinen Söhnen: »Ich schließe einen Bund mit euch und euren Nachkommen; mit* ***allen Tieren*** *[…]– den Vögeln, den zahmen und den wilden Tieren –* ***mit allen Lebewesen auf der Erde: Ich***

> ***gebe <u>euch</u> das feste Versprechen,*** *niemals mehr durch eine Flut die Erde und alle Lebewesen zu vernichten [...]. Ich gebe* ***<u>euch</u>*** *ein Zeichen als Garantie* ***für den ewigen Bund, den ich mit euch und <u>allen Lebewesen</u> schließe****: Ich setze meinen Bogen in die Wolken. Er ist das Zeichen meines unumstößlichen Bundes* ***<u>mit der Erde</u>*** *[...]. (1.Mo 9,8-13)*

Gott verspricht der gesamten Schöpfung, von seiner Seite nichts zur Ausrottung einer Spezies unternehmen zu werden! Wie können die Frommen es da zulassen, dass der Mensch diese Ausrottung im nie da gewesenen Tempo vorantreibt (siehe Ökoquiz, Frage 7: 16.928 Tierarten droht zur Zeit die Ausrottung).

Weiter findet sich ein sehr spannendes Gebot Gottes, das dem Haus Israel gebietet kein Tier zu schlachten, das nicht dem Herrn geweiht war (3Mo17,2-6). Vor allem die Erklärung Gottes ist hoch interessant. Hier heißt es bei Verstoß:

> *„[...] dem soll es als* ***Blutschuld*** *angerechnet werden:* ***Blut hat er vergossen*** *und ein solcher Mensch soll ausgerottet werden aus seinem Volk [...].“*

Bis dato sprach man von einer Blutschuld nur bei einem Mord an einem Menschen! Was für eine Aufwertung des Lebens eines Tieres. Auch an ihm können wir uns schwer versündigen. Sicherlich könnte – vielleicht müsste – man noch einiges zu diesen Stellen sagen, aber summa summarum können wir all diese Stellen zunächst so zusammenfassen: *Gott liebt auch die Tiere. Die Menschen als seine Verwalter tragen eine hohe Verantwortung und sollen das Tier in der Ehrfurcht vor Gott behandeln und bewahren.*

Mehr und mehr beginnen wir heute zu erkennen, dass unsere Umweltsünden Sünden an Natur **und Mensch** sind. Vor allem an den nachfolgenden Generationen versündigen wir uns teils schwer. So brauchen abgeholzte Wälder mehrere Jahrzehnte um wieder aufgeforstet zu werden. Verödete Flächen drohen zu fast nicht mehr zu rekultivierenden, unfruchtbaren Wüsten zu werden. Radioaktive Abfälle müssen Millionen von Jahren sicher eingelagert werden. Das größte Ökosystem – die Meere – ernährt Millionen von Menschen, ist Heimat von etwa 80 % aller Lebewesen unseres Planeten, doch mittlerweile gelten hier 75 % der Fischbestände als überfischt oder am Rande der Überfischung, ganz zu schweigen von Verschmutzungen durch Öl, Plastik und anderen Wohlstandsmüll.

Ich möchte es einmal konkretisieren und es an einem Beispiel deutlich machen, das uns alle betrifft: Unser Fleischkonsum! Unser jetziger Fleischkonsum ist nicht nachhaltig! Die Zeitschrift „Süddeutsche" schrieb 2011:

> *„Wir riskieren das Leben auf diesem Planeten, das ökologische Gleichgewicht, und ganz oben bei den Schuldigen steht unser Fleischverzehr. Der Konsum getöteter Land- und Wassertiere. Wir werden ihn einschränken müssen, drastisch. Ihn vielleicht ganz aufgeben. Das gilt nicht nur für Rind, Schwein oder Geflügel. Es gilt genauso für Fische; und langfristig wohl auch für die Menge und Art, in der wir tierische Produkte insgesamt gebrauchen. Ob Bodenerosion, Luftverschmutzung, Wassermangel und Trinkwasserverseuchung, Verlust der Biodiversität und Erderwärmung: "Viehhaltung", heißt es in einem Report der Vereinten Nationen, "stellt sich als einer der zwei oder drei wichtigsten Verursacher un-*

serer größten Umweltprobleme heraus." Und was internationale Fischfangflotten innerhalb weniger Jahrzehnte in den Ozeanen angerichtet haben, muss als globale Massenausrottung bezeichnet werden. Manche Kritiker halten die Fischerei mit modernen Technologien für die zerstörerischste Aktivität, die zur Zeit auf unserer Erde stattfindet."[145]

Einem Vegetarier sagt mancher scherzhaft: „Du isst meinem Essen das Essen weg!“, aber das ist eine Verdrehung der Tatsachen! Fleisch ist für militante Fleischliebhaber so eine Art Getreidekonzentrat, und das ist es ja auch: 20.000 Liter Wasser sind nötig, um ein Kilogramm Fleisch zu produzieren – aber nur 50 Liter, um ein Kilogramm Weizen zu ernten. Je nach Tierart werden bis zu zwölf Kilokalorien Weizen benötigt, um eine Kilokalorie Fleisch zu erzeugen. Diese Fakten sagen etwas anderes – und ich sage das nicht als fundamentalster Vegetarier, der ich nicht bin. Ich esse (noch) Fleisch – man müsste vielmehr sagen: Wir, der reiche Westen, fressen mit unserem Fleischkonsum den Ärmsten der Armen das Essen weg!

Vielleicht stellen Sie sich jetzt die Frage: „Heißt das, dass man als Christ vegetarisch leben muss?“ Nun, zumindest stellen wir fest, dass der Mensch ursprünglich als genau das von Gott geschaffen und erdacht worden ist: als Vegetarier!

Trotzdem würde ich die Frage mit JEIN beantworten! Gott erlaubte uns Menschen im noahitischen Bund (1.Mo 9,8-13*)* und z. B. der Vision des Petrus (Apg 10,9-16), dass wir alles

---

[145] Petra Steinberger; "Ethik in der Ernährung Nicht Fisch! Nicht Fleisch!" URL: http://www.sueddeutsche.de/leben/ethik-in-der-ernaehrung-nicht-fisch-nicht-fleisch-1.53590 (Stand: 10.01.2010)

essen dürfen. Jeshua selbst aß beispielsweise auch Fleisch, briet seinen Jüngern Fisch etc. ABER die Zeit damals und der Fleischkonsum der Zeit damals war ein anderer!

Kleines Quiz:

- Wie viele Menschen leben heute auf diesem Planeten?[146]
- Wie viele Menschen lebten zur Zeit Jesu auf diesem Planeten?[147]
- Wann haben wir die erste Milliarde gesprengt?[148]

Ab der Neuzeit, der Industrialisierung ging es mit der Weltbevölkerung richtig steil bergauf. 1927: 2 Milliarden; 1960: 3 Milliarden; 1974: 4 Milliarden; 1987: 5 Milliarden; 1999: 6 Milliarden, und 2011: 7 Milliarden Menschen.

Wir müssen gemessen an diesen Zahlen auch beim Thema Ernährung umdenken. Allein in den letzten dreißig Jahren hat sich der Fleischkonsum verdreifacht. Ein Deutscher verzehrt heute pro Jahr und Kopf 88,7 Kilo Fleisch und Fisch, ein Amerikaner 123 Kilo. Ein Inder hingegen nimmt jährlich nur 5,2 Kilo zu sich (noch, doch das ändert sich rasch). Ich denke, dass der Fleischkonsum von Jeshua damals sich ungefähr auf dem Niveau von einem Entwicklungsland von heute bewegt haben wird, sprich: dass Jeshua damals in Maßen sehr wenig, sehr

---

[146] 7 Milliarden

[147] 150 Millionen

[148] Im Jahr 1804

teures Fleisch aß, ist keine Legitimation und Rechtfertigung für unsere perverse Maßlosigkeit von heute!

Man muss nicht gleich Vegetarier werden – wobei dagegen nichts einzuwenden wäre –, ich wäre schon zufrieden, wenn einige Fromme als Reaktion zu diesen Gedanken auch in der Furcht Gottes und der Ehrfurcht vor dem Leben an sich, sich dazu durchringen könnten, so etwas wie Flexitarier oder Wochentagsvegetarier zu werden – sprich z. B. nur einmal die Woche Fleisch zu essen! Auch ein bewusster Einkauf von zertifizierten Bioschlachthöfen macht bereits einen Unterschied. Die älteren Leser können sich vielleicht noch daran erinnern. Das ist alles noch gar nicht so lange her: Früher war es nicht selbstverständlich, jeden Tag Fleisch auf dem Teller zu haben! Meine Eltern erzählen mir z. B. immer von ihrem „Sonntagsbraten" und der Wurst, die unter der Woche mit der ganzen Familie geteilt wurde. Fleisch war etwas Besonderes und die Ausnahme!

Bioland e.V. rechnet uns dazu erschreckend vor, dass wir Verbraucher rund ein Viertel des gekauften Fleisches wegschmeißen. Wenn wir bedenken, was für enorme Ressourcen für die Produktion von Fleisch verbraucht werden, ist das wirklich verheerend.

Die UN-Organisation für Ernährung und Landwirtschaft (FAO) bringt diesen Lösungen zudem noch die Möglichkeit ins Gespräch, unseren langfristigen Fleischkonsum auch mit Insekten zu decken.[149] Zugegeben, für uns Westeuropäer auf den ers-

---

[149] Food and Agriculture Organization of the United Nations URL: http://www.fao.org/docrep/013/i1380e/i1380e00.htm (Stand: 02.2008)

ten Blick ein ungewöhnlicher Vorschlag, aber Insekten liefern uns im hohen Maße ungesättigte Fettsäuren, viel Eisen, Fett, Mineralien und Vitamine. In vielen Gegenden der Welt sind Insekten selbstverständlicher Teil der Ernährung. Gut 2,5 Milliarden Menschen in Südasien, Lateinamerika und Afrika essen Heuschrecken, Mehlwürmer und anderes Getier. Insekten sind laut FAO die effizientesten Nahrungsverwerter, so bekommen wir für zehn Kilo Futter fast acht Kilo Mehlwurm. Zum Vergleich: Bei einem Schwein erhält man für die gleiche Menge Futter nur drei Kilo! Vielleicht verwundert es, aber es gibt für diese Idee auch ein biblisches Vorbild, das von Johannes dem Täufer, einem nahen Verwandten des alten MEISTERS:

> *Johannes [...] ernährte sich von Heuschrecken und wildem Honig. (Mt 3,4)*

Wie dem auch sei, die Zeit drängt! Wir brauchen neue Lösungen und ein Umdenken. Fromme sollten hier Vorreiter werden.

... ein Akt der Nächstenliebe!

Das Einzige, was das Ökosiegel MANGELHAFT verdient, ist die Bibel, denn diese Worte werden nach der Aussage des alten MEISTERS NIE abgebaut werden und vergehen. Der Mensch ist von der Bibel her dazu aufgerufen, auf dieser Erde nachhaltig zu leben. Als Kirchengemeinde versuchen wir beispielsweise diesen Auftrag auch in kleinen Dingen umzusetzen: Beim Einkauf für den gemeindlichen Kaffeetisch achten wir auf Nachhaltigkeit. Es gibt bei uns nur fair gehandelten Kaffee! Unsere Kaffeestückchen bekommen wir z. B. von einer Bäckerei als „Wochenendabfälle" kostenlos. Bei Flyern, Plakaten etc. achten wir darauf, mit dem Papier sorgfältig umzugehen. Das Gemeinde-Girokonto haben wir bei einer regionalen kleinen

Bank, die das Geld nicht in Rohstoffspekulationen, Rüstung und Raubbau an der Natur investiert. Wir versuchen Lebensmittel nicht sorglos wegzuschmeißen etc. Das sind an sich alles „nur“ Kleinigkeiten, ist für uns als Kirchengemeinde aber tatsächlich gelebte Gottesfurcht, Gottesdienst und Teil der gelebten Nächstenliebe. Dieses Buch ist zudem *on demand* gedruckt, das heißt, es wird auf eine größere Auflage verzichtet und nur bei Bestellung gedruckt – so werden wichtige Ressourcen wie Papier oder Energie gespart. Außerdem ist der Druck FSC-zertifiziert – das heißt, dass in einer zertifizierten, regelmäßigen Überprüfung nachgewiesen wird, dass für die Buchproduktion ausschließlich zertifizierte Papiere eingesetzt wurden und diese somit aus einer verantwortungsvollen Forstwirtschaft stammen.

Wir haben festgestellt, dass Christus - das Mensch gewordene Wort Gottes – unser System des globalen Raubbaus an der Natur, des lieblosen und respektlosen Umgangs mit dem Tier (z. B. in der Massentierhaltung) kritisiert und anklagt. Neben jedem, der diese Worte gehört hat, ist vor allem die fromme Welt dazu aufgerufen, sich dieser Kritik persönlich zu stellen und einen Systemwechsel in der Ökologie mutig und entschieden voranzutreiben.

Schluss

Sei du selbst die Veränderung, die du dir wünschst für diese Welt. (Mahatma Gandhi)

In meiner Einleitung schrieb ich: „*Ziel dieses Buches ist stattdessen, mit der Systemkritik des MEISTERS eine möglichst breite Leserschaft – Fromme und Areligiöse, Linke und Konservative, Alte und Junge – zu einer neuen, selbstkritischen Kontroverse zu unseren bestehenden – angeblich christlich/abendländisch geprägten – Systemen einzuladen.*“ Ich hoffe, dass das eine oder andere Sie angesprochen und Ihnen gefallen hat. Ich hoffe aber auch, dass das eine oder andere Sie richtig aufgeregt und empört hat. Diskutieren Sie mit anderen über diese kritischen Töne des alten MEISTERS zu unserem *Way of Life* heute. Jedermann ist herzlich dazu eingeladen, vor allem aber auch die Frommen!

Wie kann es sein, dass obwohl sich der MEISTER so sehr z. B. gegen die Herrschaft des Mammons positioniert, die Welt der Frommen diese Kritik aber nur sehr leise – wenn überhaupt – transportiert? Wie kann es sein, dass dieselben Kirchen, die sich auf der einen Seite wohl alle darin einig sein dürften, dass auch für sie der Schöpfungsbewahrungsauftrag gilt, es aber auf der anderen Seite zulassen, dass ihre eigenen Mitglieder in politischer Verantwortung hier und da denselben mit Füßen treten? Wie kann es sein, dass manche Fromme heute Dumpinglöhne, Sklaverei und Ausbeutung dulden? Wie kann es sein, dass mancher Frommer faschistisches Gedankengut pflegt? Wie kann es sein, dass mache Frommen sich aus allem raushalten wollen?

Ich würde mich darüber freuen, wenn neben einer neuen Diskussion über diese Kritikpunkte auch so etwas wie ein neues frommes, politisches Selbstverständnis wächst, das mit allen Menschen – egal welchen Glaubens – gemeinsam für ein Gesellschaftssystem kämpft, an dem der alter MEISTER nur noch wenig, vielleicht auch gar nichts mehr, zu kritisieren hätte. Als Christ weiß ich, dass ich diese neue Welt spätestens im Himmel sehen werde. Aber als Geschöpfe des Höchsten traue ich uns mehr zu, als diese Welt nur aufs Jenseits zu verschieben. Wir wissen, was zu tun ist, packen wir es an! Nein, ich bin kein naiver Spinner, der an so etwas wie ein Paradies auf Erden glaubt, aber davon träumen darf ich schon. Das ist es, was mich antreibt, was mich nicht aufgeben lässt. Machen wir aus dieser Welt das Beste, was wir können, mehr verlangt auch der MEISTER nicht!

Literaturliste

Bibeln

Einheitsübersetzung der Heiligen Schrift © 1980 Katholische Bibelanstalt, Stuttgart (EÜ).

Elberfelder Bibel 2006, © 2006 by SCM R. Brockhaus im SCM-Verlag GmbH & Co. KG · Bodenborn 43 · 58452 Witten (ELB).

Gute Nachricht Bibel, revidierte Fassung, durchgesehene Ausgabe in neuer Rechtschreibung © 2000 Deutsche Bibelgesellschaft, Stuttgart (GNB)

Hoffnung für alle® (Brunnen Verlag Basel und Gießen), Copyright © 1983, 1996, 2002 by International Bible Society® (HFA).

Lutherbibel, revidierter Text 1984, durchgesehene Ausgabe in neuer Rechtschreibung, © 1999 Deutsche Bibelgesellschaft, Stuttgart (LU).

Neues Leben. Die Bibel, © 2002 und 2006 SCM R. Brockhaus im SCM-Verlag GmbH & Co. KG, Witten.

Printmedien

Balz, Horst / G. Schneider (Hrsg.); Exegetisches Wörterbuch zum Neuet Testament. Band I; Stuttgart/ Berlin/ Köln: Verlag W. Kohlhammer 1992

Balz, Horst / G. Schneider (Hrsg.); Exegetisches Wörterbuch zum Neuen Testament. Band II; Stuttgart/ Berlin/ Köln: Verlag W. Kohlhammer 1992

Balz, Horst / G. Schneider (Hrsg.); Exegetisches Wörterbuch zum Neuen Testament. Band III; Stuttgart/ Berlin/ Köln: Verlag W. Kohlhammer 1992

Bauer, Walter; Griechisch-deutsches Wörterbuch zu den Schriften des Neuen Testaments und der frühchristlichen Literatur; Berlin/ New York: Walter de Gruyter 1988

Burkhardt, Helmut / f. Grünzweig / F. Laubach / G. Maier (Hrsg.); Das Grosse Bibellexikon. Band 1. Aron- Gütergemeinschaft; Wuppertal/ Giessen: Brockhaus/ Brunnen 1990

Claiborne, Shane; The Irresistible Revolution: Living as an Ordinary Radical, Zondervan: 2006

Clemens von Alexandrien, Der Erzieher II-III; Welcher Reiche wird gerettet werden? Aus dem Griechischen übersetzt von Geh. Regierungsrat Prof. Dr. Otto Stählin. (Bibliothek der Kirchenväter, 2. Reihe, Band 8) München 1934

Coenen, Lothar / K. Haacker (Hrsg.): Theologisches Begriffslexikon zum Neuen Testament. Band 2: I- Z (Theologisches Begriffslexikon zum Neuen Testament), Wuppertal/ Neukirchen: R. Brockhaus/ Neukirchen 2000

Coenen, Lothar / K. Haacker (Hrsg.); Theologisches Begriffslexikon zum Neuen Testament. Band 1: A- H (Theologisches Begriffslexikon zum neuen Testament); Wuppertal/ Neukirchen: R. brockhaus/ Neukirchener 1997

Diekmann, Samuel; Einfach Überirdisch. Entdecke was in deiner Gemeinde steckt; R. Brockhaus 2011

Diekmann, Samuel; Vom Superhelden Abraham. Oder Christsein muss gelebt werden; Leuchterverlag 2009

Doran, Peter T.; Kendall Zimmerman, Maggie (2009): Examining the Scientific Consensus on Climate Change, in: Eos, Vol. 90, No. 3, 20. Januar 2009

GEISTbewegt; Aktuelles aus dem BEP – Zeitschrift des Bundes Freikirchlichen Pfingstgemeinden KdöR; 1-2012:

Graeber, David; „Schulden: Die ersten 5000 Jahre"; Klett-Cotta; Auflage: 1., Aufl. 2012

Haak, Thomas; „C(R)ASHZEIT. Ihr Vermögen soll wachsen - nicht Ihre Sorgen"; 2010

Hahne, Peter: Schluss mit lustig. Das Ende der Spaßgesellschaft. – Lahr/Schwarzwald: St.-Johannis-Druckerei, 2007

Hengel, Martin; Eigentum und Reichtum in der frühen Kirche: Aspekte einer frühchristlichen Sozialgeschichte; Stuttgart: Calwer Verlag, 1973

Hickel, Rudolf; „Zerschlagt die Banken. Entmachtet die Finazmärkte. Eine Streitschrift"; Berlin; Ullstein Buchverlag, 2012

Hochstrasser, Stefan; Armut aus biblischer Sicht; STOP ARMUT 2015, August 2006

Hoffmann, Ernst G. / H. v. Siebenthal; Griechische Grammatik zum Neuen Testament; Riehen: Immanuel- Verlag 1990

Irenäus von Lyon; Gegen die Häresien IV, Verlag Herder; 1997

Karl Marx; Das Kapital. Kritik der politischen Ökonomie. Dietz, Berlin; Auflage: 37. (Februar 2008)

Kittel, Gerhard; „Theologisches Wörterbuch zum Neuen Testament“ Band L-N; Stuttgart 1966

Lohse, Eduard (Hg.): Die Texte aus Qumran. Hebräisch und Deutsch mit masoretischer Punktation, Übersetzung, Einführung und Anmerkungen. Darmstadt 1971, Gemeinderegel (1QS); VII,15

Maier, Paul L (Hg.); Flavius Josephus; Josephus: The Essential Works: A Condensation of "Jewish Antiquities", and, "the Jewish War"; Kregel Pubn, 1995

Nestle- Aland; Novum Testamentum Graece; Stuttgart: Deutsche Bibelgesellschaft 1993 Rienecker, Fritz (Hrsg.); Lexikon zur Bibel; Wuppertal: R. Brockhaus Verlag 1992

Olpen, Bernhard; Gekämpft mit Gott uns Menschen. Das Leben von Heinricht Vietheer; Leuchter: Erzhausen, 2007

Pally, Marcia; Die neuen Evangelikalen in den USA. Freiheitsgewinne durch fromme Politik; Berlin, 2010

Reimer, Johannes; Multikultureller Gemeindebau. Versöhnung leben; Francke-Buchhandlung, 2011

Sider, Ronald J.; Der Weg durchs Nadelöhr: Reiche Christen und der Welthunger; Wuppertal: Aussaat Verlag, 1978

Tan, K.; Das Erlassjahr-Evangelium: Ein Unternehmer entdeckt Gottes Gerechtigkeit; Neufeldt Verlag, 2011

Trocmé, André, Jesus and the Nonviolent Revolution; Wipf & Stock Publ; 1998

Vahrenholts, Fritz; Die kalte Sonne: Warum die Klimakatastrophe nicht stattfindet; Hoffmann und Campe, 2012

Vermes, Geza; The complete Dead Sea scrolls in English; Penguin Classics; 2004

Zeller, Franz; Die apostolischen Kirchenväter. Aus dem Griechischen (Wttbg)

Onlinemedien

20 Minuten AG "Nahrungsmittel verteuern sich dramatisch" URL: http://www.20min.ch/finance/news/story/13429508 (Stand: 03.02.2011)

Adopt a Terrorist for Prayer provides. URL: https://atfp.org (Stand: 2011)

Andresen, Tino; Handelsblatt. "Geben ist seliger" URL: http://www.handelsblatt.com/unternehmen/management/koepfe/deutschlands-milliardaere-haben-die-wohltat-entdeckt-geben-ist-seliger/2972384.html (stand: 16.08.2008)

Attac. "Hungerkrisen vermeiden – Schäuble muss Spekulation mit Nahrungsmitteln stoppen" URL: http://www.attac.de/aktuell/neuigkeiten/detailansicht/datum/2012/04/09/hungerkrisen-vermeiden-schaeuble-muss-spekulation-mit-nahrungsmitteln-stoppen-1/?no_cache=1&cHash=eeabc266313420011e571ce964c33973 (Stand 09.04.2012)

Bundeszentrale für politische Bildung "Zur Rolle der Ressource Wasser in Konflikten" URL:

http://www.bpb.de/themen/X80AUV,1,0,Zur_Rolle_der_Ressource_Wasser_in_Konflikten.html (Stand: 16.08.2006)

Cromie, William J. "Global warming is not so hot: 1003 was worse, researchers find" URL: http://news.harvard.edu/gazette/2003/04.24/01-weather.html (Stand: 2007)

Das Erste.de; EU-Studie: Mehr Menschenhandel durch liberals Prostitutionsgesetz; URL: http://daserste.ndr.de/panorama/aktuell/prostitution131.html (Stand: 7.2012)

Das Erste.de; EU-Studie: Mehr Menschenhandel durch liberals Prostitutionsgesetz; URL: http://daserste.ndr.de/panorama/aktuell/prostitution131.html (Stand: 7.2012)

Delvaux de Fenffe, Gregor. Planet Wissen; „Sklaverei". URL: http://www.planet-wis-sen.de/politik_geschichte/menschenrechte/sklaverei/index.jsp (Stand: 26.01.2012)

Deutscher Katholikentag Mannheim 2012 e.V. "Erlassjahr" kein Mittel gegen Schuldenkrise" URL: URL: http://www.katholikentag.de/aktuell_2012/politik_und_gesellschaft/freitag/politik_wirtschaft_schuldenstaat.html (Stand: 2012)

Die Evangelische Allianz in Deutschland. "Ungarn: Evangelikale in Ungarn begrüßen neue Verfassung" URL: http://www.ead.de/nachrichten/nachrichten/einzelansicht/ar

ticle/ungarn-evangelikale-in-ungarn-begruessen-neue-verfassung.html (Stand: 20.04.2011)

Exponentielles Wachstum - Der unmögliche Hamster URL: http://www.youtube.com/watch?v=pan7QbDK0Do (Stand: 05.01.2012)

Facing Finance. Finanzmerkte im Visier. URL: http://www.facing-finance.org/wp-content/blogs.dir/16/files/2012/03/Gesch%C3%A4ftsbeziehungen-deutscher-Banken-zu-Herstellern-von-Streumunition-03-2012.pdf (Stand: 02.1012)

Fickinger, Nico; Frankfurter Allgemeine Zeitung; Hartz-IV-Aufstocker_Vollzeitstelle lohnt erst ab 2050 Euro; URL: http://www.faz.net/aktuell/wirtschaft/wirtschaftspolitik/hartz-iv-aufstocker-vollzeitstelle-lohnt-erst-ab-2050-euro-1515816.html (Stand: 10.01.2008)

FOCUS online; Prostitution in „hochkriminellen Mimmieu"; URL: http://www.focus.de/politik/deutschland/ein-hochkriminelles-milieu-alice-schwarzer-will-zuhaelter-drastisch-bestrafen_aid_723849.html (Stand: 14.03.2012)

Food and Agriculture Organization of the United Nations URL: http://www.fao.org/docrep/013/i1380e/i1380e00.htm (Stand: 02.2008)

GEGEN-HARTZ; „Immer mehr Hartz IV Aufstocker" URL: http://www.gegen-hartz.de/nachrichtenueberhartziv/immer-mehr-hartz-iv-aufstocker-389343.php (Stand: 13.05.2011)

Global Rich List. URL: http://www.globalrichlist.com

Grabowsky, Fabian. “Phänomen Rechtspopulismus "Aus Worten können Waffen werden" URL: http://www.tagesschau.de/ausland/interviewmaegerle100.html (Stand: 25.27.2011)

Haak, Thomas; „Zinsezins: Der Crsash kommt!“ URL: http://thomashaak.de/zinsen/ (Stand: 10.07.2012)

Heinrich Kellner (Übersetzung). „APOLOGETIKUM ODER VERTEIDIGUNG DER CHRISTLICHEN RELIGION UND IHRER ANHÄNGER.“ Apologetikum 39,1ff URL:http://www.tertullian.org/articles/kempten_bkv/bkv24_08_apologeticum.htm

Höning, Antje. RP Online “Joschka Fischer berät Atomkonzerne: "Ich bin jetzt Unternehmer" URL: http://www.rp-online.de/wirtschaft/news/Ich-bin-jetzt-Unternehmer_aid_780064.html (Stand: 08.11.2009)

IG Metall; „Prekäre Arbeit“ URL: http://www.igmetall.de/cps/rde/xchg/internet/style.xsl/prekaere-arbeit-9052.htm (Stand: 16.11.2011)

Käppeler, Christoph; Tagesschau.de; DGB will 400-Euro-Jobs abschaffen; URL: http://www.tagesschau.de/wirtschaft/minijobs100.html (Stand: 15.03.2012)

Klein, Stefan; FOCUS Magazin; „Der Sinn des Gebens“ URL: http://www.focus.de/wissen/wissenschaft/neurowissenschaft/tid-20105/medizin-der-sinn-des-gebens_aid_550746.html (Stand: 13.09.2010)

Kossakowski, Stanislaus, BR, ARD-Hauptstadtstudio URL: http://www.tagesschau.de/inland/down-syndrom100.html (Stand: 05.07.2012)

Kürschner-Pelkmann, Frank. Brot für die Welt. „Wasser im Nahen Osten. Hintergrund-Material 6“ URL: http://www.wasser-und-mehr.de/pdf/2_5_2_wasser-nahost.pdf (Stand: 07.2003)

Lauerer, Matthias “Indische Todesgrenze Wo Bräute und Bauern sterben“ URL: http://www.spiegel.de/politik/ausland/indische-todesgrenze-wo-braeute-und-bauern-sterben-a-781819.html (Stand: 18.09.2011)

Lazarovic, Samira „Der Anarchist und die SchuldenDavid Graeber ruft zum Ablassjahr auf“ URL: http://www.n-tv.de/wirtschaft/David-Graeber-ruft-zum-Ablassjahr-auf-article6372011.html (Stand: 29.5.2012)

Leo XIII; Enzyklika „Rerum Novarum“ (1891) Nr. 34 URL: http://www.schulte-schulenberg.de/rerum.htm (Stand: 2012)

Norddeutscher Rundfunk. URL: http://www3.ndr.de/ndrtv_pages_std/0,3147,OID2372284_REF2330,00.html (Stand 29.7.2008)

N-tv. “Zum Arbeiten verdonnert” URL: http://www.n-tv.de/politik/Jugendliche-grenzen-Arme-aus-article5887991.html (Stand: 28.03.2012)

Ohanian, Mathias und Kaelble, Martin. Finacal Times Deutschland. “Ökonomen in der Kritik. Wir stehen am Anfang einer Revolution" URL:

http://www.ftd.de/politik/konjunktur/:oekonomie-in-der-kritik-wir-stehen-am-anfang-einer-revolution/60155490.html (stand: 16.01.2012)

P.M. Welt des Wissens; „Ist Geben wirklich seliger als Nehmen?“ URL: http://www.pm-magazin.de/r/gute-frage/ist-geben-wirklich-seliger-als-nehmen (Stand: 2.2012)

Paeger, Jürgen “Eine Botschaft von der Osterinsel“ URL: http://www.oekosystem-erde.de/html/osterinsel.html (Stand: 2006)

Pro Christliches Medienmagazin. “Attentäter von Oslo: "Ich bin nicht religiös" URL: http://www.pro-medienmagazin.de/nachrichten.html?&news%5Baction%5D=detail&news%5Bid%5D=4256 (Stand: 25.07.2011)

ReichtumsUhr.de „Das Infoportal zum Thema privater Reichtum, Armut und Staatsverschuldung“ URL: http://www.reichtumsuhr.de (Stand: 2011)

Rettet den Regenwald e.V. URL: http://www.regenwald.org/regenwaldreport.php?artid=229 (Stand 29.4.2008)

Sax, Monika. Planet Wissen. „Interview: Glücksökonomie“ URL: http://www.planet-wissen.de/alltag_gesundheit/psychologie/glueck/gluecksoekonomie.jsp (Stand: 13.05.2009)

Schlindwein, Simone; Zeitungsverlag tz München GmbH & Co.KG; „Sarah hat noch Angst. Als Sexsklavin nach Asien verschleppt“ http://taz.de/Als-Sexsklavin-nach-Asien-verschleppt/!89100/ (Stand: 6.3.2012)

Scobel, G.; 3Sat; „Moderne Sklaverei hat viele Gesichter“ URL: http://www.3sat.de/page/?source=/scobel/156728/index.html (Stand: 09.2011)

Seibt, Constantin “Seine Skepsis ist 1 Million Dollar wert“ URL: http://www.tagesanzeiger.ch/wissen/natur/Seine-Skepsis-ist-1-Million-Dollar-wert/story/26840042 (Stand: 30.06.2011)

SPEIGEL online; „Zehn-Jahres-Vergleich“ URL: http://www.spiegel.de/wirtschaft/soziales/zehn-jahres-vergleich-deutschland-hat-1-4-millionen-vollzeitjobs-verloren-a-667381.html (Stand: 16.12.2009)

Spiegel online. “Expertise der Geheimdienste US-Bericht warnt vor Ära der Kriege um Wasser“ URL: http://www.spiegel.de/politik/ausland/0,1518,823207,00.html (Stand: 22.03.2012)

Spiegel online. “Sozialwissenschaft Reichtum fördert Unmoral“ URL: http://www.spiegel.de/wissenschaft/mensch/0,1518,817907,00.html (Stand: 28.02.2012)

Stein, Stefan “Wie den Flüssen das Wasser abgegraben wird“ URL: http://www.pm-magazin.de/a/wie-den-fl%C3%BCssen-das-wasser-abgegraben-wird (Stand: 2012)

Steinberger, Petra “Ethik in der Ernährung Nicht Fisch! Nicht Fleisch!“ URL: http://www.sueddeutsche.de/leben/ethik-in-der-ernaehrung-nicht-fisch-nicht-fleisch-1.53590 (Stand: 10.01.2010)

Stiftung Warentest. Test.de. „Streubomben in Riester-Verträgen: Auf vermintem Gelände" URL: http://www.test.de/geldanlage-banken/tests/Streubomben-in-Riester-Vertraegen-Auf-vermintem-Gelaende-4180804-4188157/ (Stand 04.01.2011)

Stiftung Warentest „Dispozinsen: Immer noch unverschämt" (3.2011) URL: http://www.test.de/Dispozinsen-Immer-noch-unverschaemt-4201363-4201368/

Stocker, Frank. „Islamische Banken sind die Gewinner der Krise" http://www.welt.de/finanzen/article3523621/Islamische-Banken-sind-die-Gewinner-der-Krise.html (Stand: 08.04.2009)

Tagesschau.de "SPD plant Wahlkampf gegen Auswüchse des Bankenwesens" URL: http://www.tagesschau.de/inland/spdwahlkampf106.html (Stand: 21.07.2012)

The Union of Concerned Scientists "Scientists' Report Documents ExxonMobil's Tobacco-like Disinformation Campaign on Global Warming Science" URL: http://www.ucsusa.org/news/press_release/ExxonMobil-GlobalWarming-tobacco.html (Stand: 03.01.2007)

Tschernoster, Natascha; Tagesschau.de; Neues Billig-Lohn-Modell dank Werkverträgen; URL: http://www.tagesschau.de/inland/werkvertraege100.html (Stand: 29.02.2012)

Urgewald; „Die strahlenden Banken" URL: http://urgewald.org/kampagne/radioaktive-bank/die-strahlenden-banken (Stand: 2011)

Vidal, John "US oil company donated millions to climate sceptic groups, says Greenpeace" URL: http://www.guardian.co.uk/environment/2010/mar/30/us-oil-donated-millions-climate-sceptics (30.03.2010)

Weber, Werner. "Globale Erwärmung Die CO2-Lüge" URL: http://www.bild.de/politik/inland/globale-erwaermung/die-co2-luege-klima-katastrophe-ist-panik-mache-der-politik-22467268.bild.html (Stand: 06.02.2012)

Weltfokus.de „Ab wann ist man arm? Welches monatliche Einkommen gilt als Armutsgrenze" URL: http://www.weltfokus.de/ab-wann-ist-man-arm-welches-monatliche-einkommen-gilt-als-armutsgrenze-252.html (Stand: 07.12.2008)

welt-sichten. Magazin für globale Entwicklung und ökumenische Zusammenarbeit "Christen und Muslime diskutieren über den Kapitalismus" URL: http://www.welt-sichten.org/artikel/art-11-011/in-den-sumpf-der-gier-geraten.html (Stand: 11.2011)

Wiemeyer, Joachim. Bundeszentrale für politische Bildung. URL: http://www.bpb.de/publikationen/EUIW0O,4,0,Das_Engagement_von_Christen_in_politischen_Parteien.html#art4 (Stand 21.03.2009)

Wikimedia Foundation Inc. URL: http://de.wikipedia.org/wiki/Politik (Stand: 24.4.2012)

Wissen.de. „Herrscher und Heerführer – Macht, Ruhm und Reiche" URL:

http://www.wissen.de/wde/generator/wissen/ressorts/geschichte/zeitgeschehen/index,page=3625192.html

Zeitungsverlag tz München GmbH & Co.KG; Pflegenotstand: „Der Kollaps ist längst da!“ URL: http://www.tz-online.de/specials/zukunft-alter/pflegenotstand-der-kollaps-ist-laengst-da-71503.html (Stand: 2012)